湛庐文化
Cheers Publishing
a mindstyle business
与 思 想 有 关

妈妈教的是对数学的兴趣和热爱，爸爸教的是规则和逻辑。
我头脑中的数学就是在父母的融合下自由生长的，
没有做过大量习题，而是在生活中不断解答数学问题。
我感到快乐、骄傲，享受着数学的美、智慧，还有思想的奇妙。

▲ 全家福，那时我上高一

◀1974年，
我在河南五七干校

▲我与爸爸，那时我上初三

▲ 获得全国数学竞赛的奖励

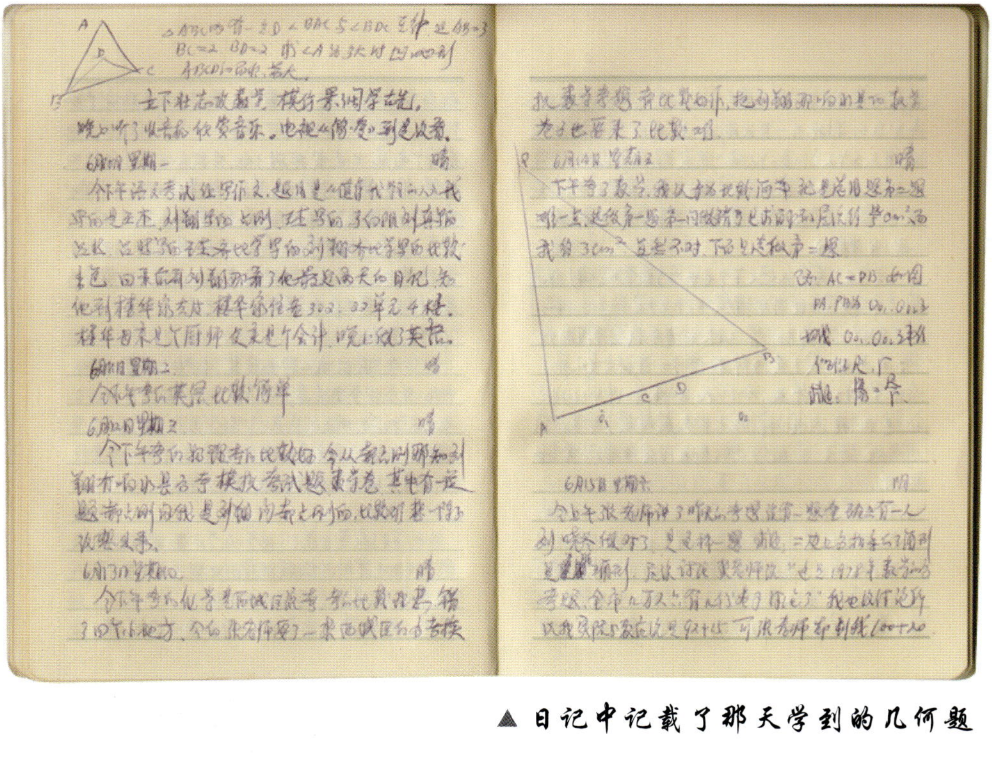

▲ 日记中记载了那天学到的几何题

▲妈妈、我与儿子铁蛋

爸爸教的数学

Math Learned From Dad

孙路弘——著

浙江人民出版社
ZHEJIANG PEOPLE'S PUBLISHING HOUSE

总序

三个桥段：从妈妈的启蒙到爸爸的引导

桥段，就是电影中从一个情节跳到另外一个情节的过渡事件。有些电影的桥段意义深远，有些驴唇不对马嘴。如今摆在你面前的这两本书，从 2016 年出版的《妈妈教的数学》，到 2017 年出版的《爸爸教的数学》，如何衔接？你要先过三个桥段。

桥段一：手指乘 8 的窍门

在《妈妈教的数学》一书中，妈妈为了缓解我对乘法的恐惧，用数手指的方式，让数学变得趣味横生，从而开启了我对数学的兴趣，让我一路走到今天。

当我记不住乘 9 的口诀时，妈妈教给我的是这样的手势，如图 0–1 所示。

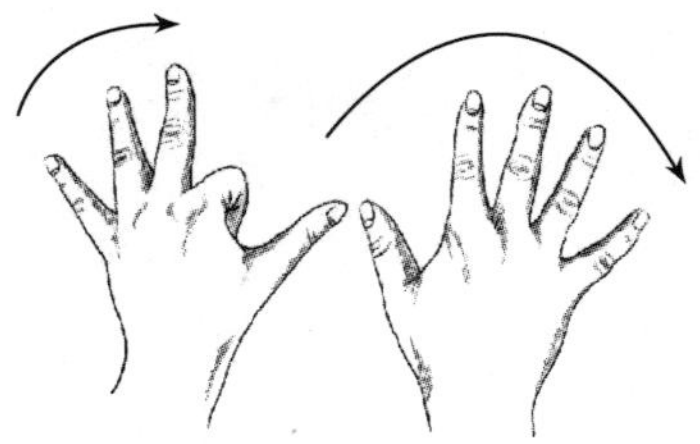

图 0–1

伸出两只手，要做 4×9。从左手开始数 4 下，数到的这根指头弯下去。这时，左边是 3 根指头，右边是 6 根指头，就是 36 。也就是 $4\times9=36$ 。

你可以自己试一试，就知道窍门了。只要乘 9，就可以这么做。

这就是上桥，你已经从桥的一边出发了。然后你开始问，乘 8 有没有这样简便的手指方式呢？《妈妈教的数学》里也给大家呈现了乘 8 的法子，不过，爸爸教的法子才真正让我彻底想透了这个手指魔术的奥秘。

让我们重新把乘 9 的这个手指魔术想透彻。

数到第 4 根指头，弯下去后，左边是 3 根指头，代表了 30，也就是 3 个 10。右边是 6 根指头，代表了个位数的 6，也就是：$3\times10+6=36$。

我们用的是 10 根指头，对吧？当然了。你现在是不是想学会乘 8 的方法？那就要用 9 根指头，如图 0–2 所示。要做 4×8，同样需要从左边小手指开始数到 4，然后弯下去，左边剩下 3 根指头，右边剩下 5 根指头。不要忘记，要用 9 根指头，你现在做的是乘 8 的法子。

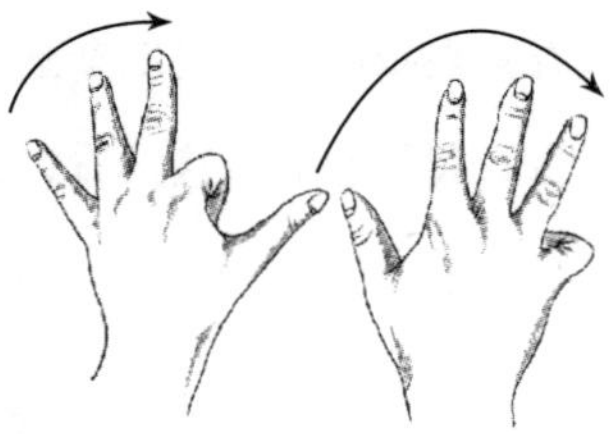

图 0–2

那么，左边的 3 是不是不代表 10，而应该代表 9 呢？对了。于是，就得出了 $3\times9+5=32$ 。再想一想，乘法口诀里，4×8 是不是 32 呢？

啊哈！开窍了吗？

妈妈开启了我数学的兴趣之门，爸爸带我走上了规律之路。那么现在我该问你了，4×7 呢？你要回答的问题有：

1．应该用多少根指头开始玩？

2．弯下去的指头左边代表什么？

3．弯下去的指头右边代表什么？

你从桥的这边迈步上桥，那就是《妈妈教的数学》，然后，下桥的时候居然发现，你开启了一条新的路，这条路的名字叫《爸爸教的数学》。

桥段二：从格子乘法到竖式除法

妈妈在生活中带我玩尽数学，而爸爸总是顺应我，给我指出规律的道路。当我怎么都学不会学校老师教的除法时，又是爸爸带我走出了除法的新天地。

学校老师教了一位数除法，我老是做错，真没劲。当初学乘法时妈妈教的格子乘法，让我走出了沮丧，我让妈妈教我格子除法。妈妈看着我的作业，那些除法错误百出，但她的脸色没有越来越严肃，反倒渐渐露出了笑容，并叫爸爸过来看我的作业。爸爸平时很少看我作业的，这一看，也笑了，问我是不是老师教的。我的卷子上是这么写的，请看图 0–3。

$27 \div 8=3$ $\qquad$ $49 \div 7=7$ $\qquad$ $64 \div 4=16$

$$\begin{array}{r} 27 \\ \div\ \ 8 \\ \hline 3 \end{array} \qquad \begin{array}{r} 49 \\ \div\ \ 7 \\ \hline 7 \end{array} \qquad \begin{array}{r} 64 \\ \div\ \ 4 \\ \hline 16 \end{array}$$

图 0–3

我说老师画叉子了，老师教的那个除法我不记得了。

于是，关键的思维历程从这里开始。爸爸问我，这个除法是怎么想的呢？于是，我给爸爸写了几个算式，请看图 0–4。

$$\begin{array}{r} 27 \\ +\ \ 8 \\ \hline 35 \end{array} \qquad \begin{array}{r} 27 \\ -\ \ 8 \\ \hline 7 \end{array} \qquad \begin{array}{r} 27 \\ \times\ \ 8 \\ \hline 216 \end{array} \qquad \begin{array}{r} 27 \\ \div\ \ 8 \\ \hline 3 \end{array}$$

图 0–4

爸爸说，哦，你要是这么想的，那 64 除 4，你是怎么写出 16 的呢？我说，64 的最后一位是 4，只有 6 才能够乘 4 后个位是 4 啊。我试过，不能是 1、2、3、4、5、7、8、9，只有 6 可以。然后，爸爸画下了下面这个算式，并讲了想法。如图 0–5 所示。

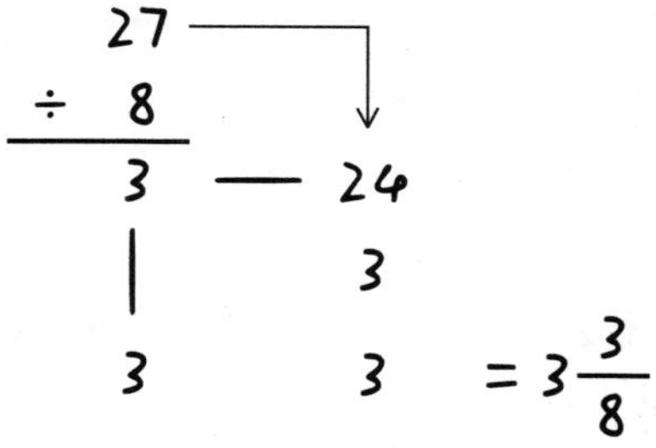

图 0–5

爸爸说，你猜了 3，那就看看 27 里有没有 3 个 8，结果呢，3 个 8 是 24，那么，27 里还剩下 3，就把 24 写上，把 3 也写上，然后除法的结果就出来了，是 $3\frac{3}{8}$。

于是，爸爸又给了我一个新的除法，如图 0–6 所示。

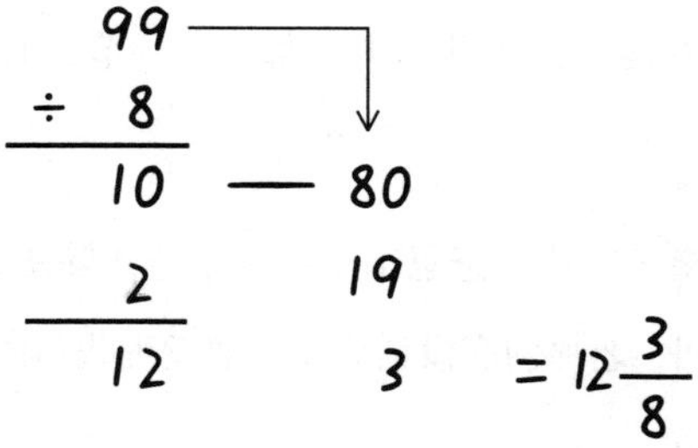

图 0–6

- 第一步，你猜 99 里有多少个 8，猜有 10 个，写上 10；
- 第二步，那就是有 8 个 10，就是 80；
- 第三步，从 99 里扣除 80，剩余 19；
- 第四步，19 里还有 8，猜有 2 个；

- 第五步，那就是 16，从 19 里扣除 16；
- 第六步，还有 3，3 里没有足够的 8 了；
- 第七步，结果出来，12 个 8，余 3。

果然，除法我从此就会了。这就是一个猜的过程，多猜几次，然后用乘法的结果来扣除，剩下的写在旁边就可以了。

你学过这样写的除法算式吗？你还记得上小学学习除法时，是多么不理解老师给的计算方式吗？

爸爸理解了我，他理解我写除法算式的时候，是顺应了加法、减法、乘法算式的样子的，那是我脑海中挥之不去的熟悉的、习惯的、固化已久的样子。实际上，这样写除法算式的思考过程与学校老师教的思考过程是一样的，都是先猜，然后减，剩下余数，然后继续猜。爸爸顺着我的思路讲了出来，并将思路的痕迹变成了图形的样子，而且图中的每一个环节，我都知道原因，猜测、扣除、剩余……

妈妈给了我一个格子乘法，爸爸给了我一个竖式除法，都是别出心裁、前无古人的样子。这一回，老师彻底没话说了，他发现我写的样子与他教的不同，可是却总能做对。

要不你试一试，三位数除两位数，看看能不能做对。不过，也许你陷入传统套路的时间已经太久了，难以转化自己的思路，看不出两种形式的除法，但其实它俩在本质上完全一样。而对孩子来说，不一样的是理解的过程，好不容易习惯了竖式的加、减、乘，结果到除法的时候却弄了一个全新的样子，真不舒服。

这一回，可看出我爸爸的厉害了，他是顺应了我的模式，并把除法的猜测思路扣在我的模式上讲了出来，也让我自然就接受了。

妈妈给了我数学的兴趣，爸爸顺应了我对规律的认识。

桥段三：鞋带编织的梦

这第三个桥段，我要讲一段童年趣事。我从河南五七干校回到北京后，妈妈给我买了一双球鞋，是那个年代流行的军绿色球鞋。我非常喜欢，结果惹得爸爸妈妈有了争执。起因在我，就是我这双球鞋。

我把鞋带抽了出来，结果没办法自己穿回去了。妈妈帮助我穿好了鞋带，我又给拽出来了。妈妈问我还出去不出去了，爸爸说，别管他了。他们俩不太高兴地出去了，我一个人留在家里，鼓捣我这双新球鞋。他们是下午一点多出门的，走的时候把我一个人锁在了家里，天都要黑了，他们才回来，却看见我仍然在鼓捣我的球鞋。我陷入了鞋带的困惑。

你说我应该如何穿这个鞋带呢？如图 0-7 所示，是鞋带最初的样子，我就是怕自己忘了最初的样子，所以保留了一只鞋，没有把鞋带抽出来。我自己弄了一个穿法，就是图 0-8 的样子。爸爸说，不结实。我自己试了一下，穿到脚上，脚面感觉松，确实不结实。于是，我进行了改进，就有了第三种鞋带的穿法。如图 0-9 所示。

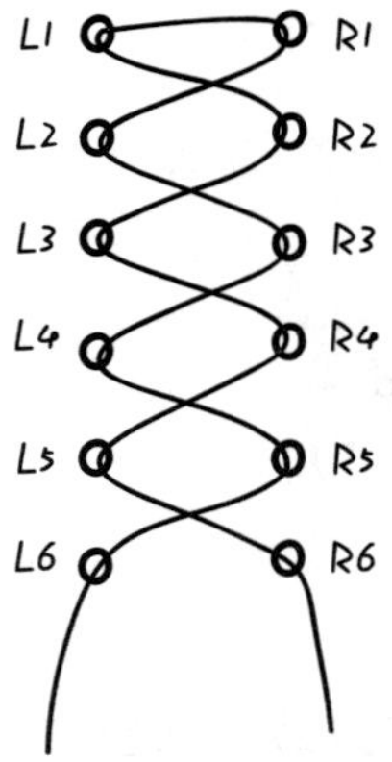

图 0–7

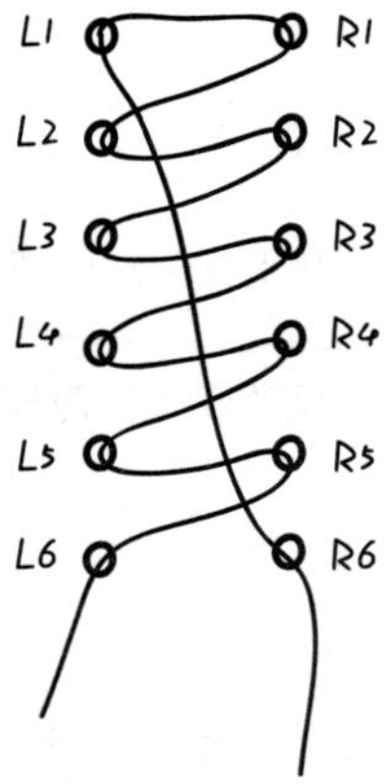

图 0–8

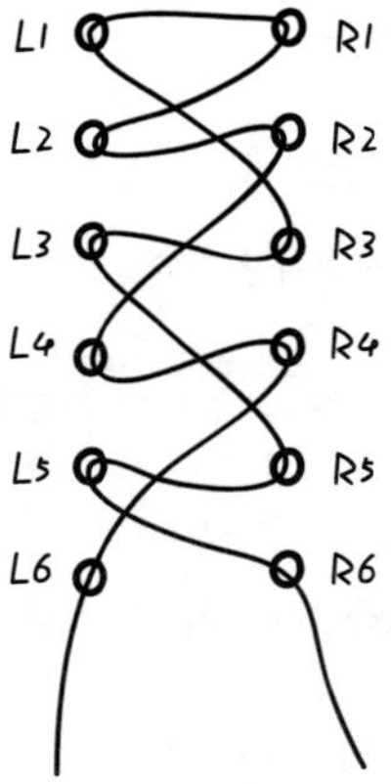

图 0–9

妈妈认为我手里捧着个鞋，鞋带穿来穿去的，不好看，也不卫生。爸爸认为，既然我要在那里穿鞋带，就穿吧，既没有闹着大人，也没有什么危险动作。爸爸还补充了一个理由：何况这孩子一直分不清左右，正好多玩会儿，也许就记住了，不再把左右搞混了。

父母二人对我的态度和做法立刻就区分出来了。基于爸爸的鼓励，我又琢磨了两种鞋带的穿法，见图 0–10、0–11。然后我就发现，图 0–11 的穿法，鞋带不够长，而图 0–10 的穿法，用来系扣的鞋带就比较长。爸爸提到了结实的特点，我也反复比较，发现图 0–7 那种穿法是最结实的，但是图 0–8 的穿法，在脱鞋的时候最容易脱，因为最前面一层带子一下子就能够松开，而图 0–7 的穿法，就很难松到前面几层，每次都要一层一层地回抽鞋带才能松开，不方便。当然，最费鞋带、也最不方便的是图 0–11 的穿法，不过这个穿法，鞋面会鼓起来，很好玩的样子。

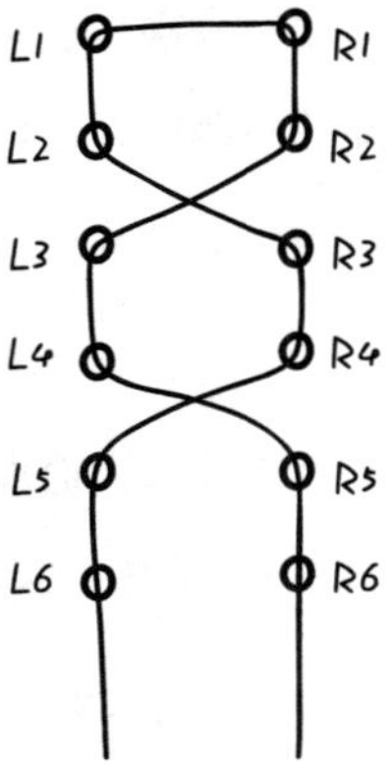

图 0–10

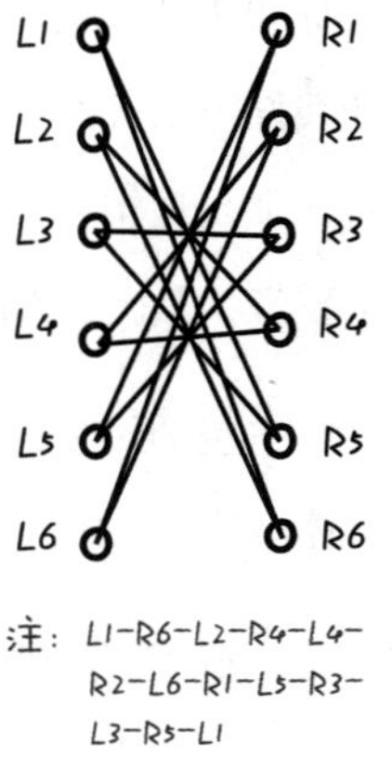

图 0–11

就穿这么一根鞋带，我就走火入魔似的，自己找出来 20 种穿法，有的对称，有的不对称，穿来穿去的过程中，我觉得穿孔之间的距离会影响鞋带的长度，上面的孔直接穿到下面的孔，容易松开，不容易系紧。那一个下午，我琢磨了鞋带的长度、松紧的规律、不同的编织组合方式、穿鞋后的结实感觉等，这些都是一个人大脑开动的过程。今天的我，发自内心地感谢爸爸，是爸爸允许我自由驰骋在自己脑海中的疆土上，纵容我随意腾飞在自己的思维里。

《爸爸教的数学》，真不是学霸一样的爸爸给孩子讲数学，而是放开孩子思维的约束，陪伴孩子探索，并提供给孩子需要的帮助，而不是讲题、解题、讲知识。爸爸不是学校的老师，爸爸也不会把家里变成课堂。爸爸教的是思考的方法、思想的意识、思维的形成。不必靠解题，靠的是对生活中任何能引发好奇的现象进行思考。

《妈妈教的数学》，是妈妈结合家中日常琐事中的数学原理来激发我数学兴趣的故事。**妈妈，让我不再惧怕数学，对数学更有兴趣；爸爸，让我找到了深思数学的方法，**让我知道从画图、列表和不断的猜测中，也可以学到数学。爸爸鼓励我摆弄鞋带，那是现实主义的风格。既然孩子有兴趣，就不用考虑是否雅观。再说，穿个鞋带，总比摆弄电线强吧？

这本书里，都是爸爸的影子，他没有跳出来讲什么大道理，都是面对生活中各种问题时的具体做法，从做法开始，着手培养我实用、实效、实在的能力。

这就是我的鞋带，我的鞋带中有几何学，有力学，有计算公式，有数学思维，有我一生的精神源泉。不过是一根鞋带，穿来穿去，就编织出了我人生的梦想。

这三个桥段你过来了，就见到了这本《爸爸教的数学》。这两本书好似打通了我大脑的“任督二脉”，让我头脑通畅。自由的数学天地间，连乘除法和系鞋带都是这么与众不同。我是爸爸妈妈的结晶，我的智慧是他们合力的结果，我的数学能力是他们协同努力的创造，我的智力是他们布下的方阵……

开启这本《爸爸教的数学》，循着规律的脉络，寻找智慧的索引，带上思想出发吧……

孩子是否要上奥数班？
男孩女孩的数学学习有何不同？
扫码关注“湛庐教育”，
回复“爸爸教的数学”，
看孙路弘老师亲自为您解答。

读书指南针

感谢您购买这本书。我是孙路弘，脑力工程师，正式阅读前，请让我先啰唆几句。

第一句：书中的日记。那是我童年的记载，源自我的小日记本，其中保留了当时不会写的字和用过的拼音。日记中的片段勾起了我对过去的回忆，这些回忆让我更加理解孩子与成人在视野和思维方式上的差异。看日记，权当是理解一个孩子的童心。如果你的孩子也是小学三四年级，不妨让他们看看日记部分，他们也会学着开始写日记的。我的有些日记是在每一个回合的开篇，也有一部分穿插在行文中，不妨将它们当作时光穿梭机，让你在我的童年与我的现今之间游离一会儿吧。

第二句：测试题。每个回合结尾还有测试题。测试题就是对读者的理解能力进行评估。一个回合阅读结束，内容都理解了吗，是否存在不理解的地方？这一章节的核心本质到底是什么，爸爸妈妈们能够完全领会吗？做一下测试题，就能帮您梳理一个回合的梗概与要点。

第三句：二维码。二维码，不是文字，虽读不懂，里面却藏了太多的东西。不过，您手里的智能手机能够解码。用微信的“扫一扫”，镜头对准二维码，就能看到了。其中有我的讲解，是我本人亲自出马哟！尤其是通过阅读文字不太容易理解的地方，可以扫一下旁边的二维码，就把我召唤出来了。本书最后还有一个二维码，就是十道测试题的汇总，您可以在线上实时做题，测试自己的理解，马上得到答案解析。

好了，我啰唆得够多的了。阅读一本书，就是开启一段文字的旅程，旅途中有我伴随。欢迎您随时用二维码把我召唤出来，给您说上一段。现在，开始你安静的阅读旅程吧……

目录

也是对数字的不断加工，加工的过程中，很多数字中的规律、窍门，以及数字之间的关系，就都渐渐熟悉了。

9 岁以后，孩子开始从触觉学习转向视觉学习，开始通过文字的形式来探索外界。因此，学习的形式也要开始变化，不是先行动，而是先充分思考，把要采取的行动写下来，或者把采取过的行动写下来。

数学思维的酝酿过程有三个核心特点：一是要慢，二是要借助图形，三是要持续想。着迷是开窍的前奏，着迷现象背后的大脑原理是吸引力、好奇和尝试。这三条，可以让孩子在相当长的时间里不厌其烦地从事那件事情。

遇到难题不要慌，试着画出来，要用纸、笔，要沉思。图形能让人一目了然，题目中蕴含的逻辑制约关系，在图上也很容易看出来。画图是解题的关键环节，很多时候，图画出来了，解也就出来了。

数学学习要培养的是思考能力，而思考能力再进一步就是抽象思维。数学是思维的体操，是在思考过程中解决一个又一个不同问题所带来的乐趣，不是 100 道大同小异的四则运算题，而是操作简单、结果有趣又能引发思考的形式。

积极的态度、热情地参与并不等于能让孩子学会正确的方法和思路。中国的孩子并不是输在了起跑线上，而是输在了起跑姿势上。学习的方法不对、内容不对、思路不对都会让孩子养成错误的习惯、形成错误的认识，甚至记下错误的概念。

引言

父亲影响我一生的思考习惯

我爸爸 16 岁就参军了。他自己回忆说，那年 3 月份，来了大批国民党兵，路过杭州，招兵买马，大幅标语写着：当兵吃粮，有赏供爹娘。当时奶奶一个人拉扯我爸，还有他的妹妹，也就是我姑姑。爸爸那时经常挨饿，吃不饱，真想参军，奶奶没有同意。当年 6 月，又来了一波兵，也是招兵买马，这回是解放军，大幅标语写着：联合军政大学，参军学文化。爸爸回家央求奶奶，奶奶一口答应了。爸爸就这样参军了。后来他说，他是冲学文化上大学而参军的。

爸爸参军的时候，仅仅具备小学五年级的文化水平。因为家境贫寒，难以继续读书，他只能早早出来找工作，补贴家用，求学之心早就沉淀在心底，结为心结。人，可以为了饱腹去谋求一件事情，也可以为了精神而奋力一搏。我爸爸参军，为的是求学，联合军政大学，听起来多响亮。

爸爸真的就在军队学到了文化。他能够写一手漂亮的字，能给首长写几千字的发言稿，会拉手风琴，还学会了简谱，后来又学会了音乐创作。

我的成长中，没有父亲的背影，有的都是正面的严肃面容。有思考状的那种眉头紧锁，也有想不明白时的目光焦虑。我与爸爸之间交谈的话题不多，这是跟妈妈作比较的结果。妈妈与我交谈的话题多数与生活有关，吃喝拉撒睡，以及在帮助妈妈做事过程中的指导说明，还有更多有趣的话题，如数楼梯、数步数、数蚕豆等。而爸爸与我交谈的话题中，有关生活的内容要少很多，更多的是做事情的方式方法、可以采用的工具，还有爸爸亲自动手做的过程，以及我主动要求模仿、要求自己来做的过程。比如，冲洗黑白照片、放大相片、暗室制作等。

妈妈激发了我对数学的兴趣，让我生发出对数学的那种热爱和激情。而在爸爸的影响下，我养成了严谨的习惯、有条不紊的步骤，而更重要的就是——慢。当爸爸自己也想不出来的时候，他说得最多的是：“睡一觉，明天就想出来了。”或是：“做题别急，做不完没事，做错了不要紧。”……爸爸这些话渗透给我的就是：悠闲，想就要想透了，再动手。比如，一只球鞋，穿个鞋带，我竟琢磨了 3 个小时。

《妈妈教的数学》出版不到一年，就收到读者的热烈反馈，我共计收到了 2 300 多条读者的提问，有的通过微信群、公众号，有的通过线下。这些反馈激发我把爸爸对我的影响也写了出来，就是眼前这本《爸爸教的数学》。

一个家庭是一个国家的细胞，细胞中必须有父母两个角色。一个孩子要想健康、全面地成长，必须有两个角色共同赋予其内涵。就是这样的家庭，塑造出了完整的我。

也希望读者慢慢阅读，不要匆忙，好书，要在思考中阅读，而不是看一遍字就行了。为此，书中配备了草稿纸，看不懂就算一算。

愿这本书成就你，成就你的家庭，成就你孩子的数学，以及未来……

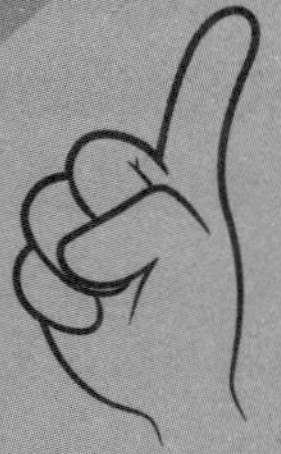

音符里藏着数学规律

◎学习钢琴能直接影响孩子对分数的理解。我学习分数的时候，特别喜欢 $\frac{1}{7}$、$\frac{2}{7}$、$\frac{3}{7}$，就是因为能从中找到音阶，哼出调子来。

◎家庭中，有大量生活细节可以帮助孩子播下各种数学的种子。等到了课堂上，他们一下子就能把新学到的术语词汇与这些种子连接上。

1974 年 7 月 9 日　　星期二　　下雨

今天开始放暑假了，在爸爸的办公室做作业。从今天开始，爸爸教我弹钢琴，就用他办公室的这架钢琴，先是车尔尼 299 的第一首，我的脚够不着下面的棱子，爸爸说现在用不上。左手做的简单，就弹 4 个小节，按 4 次，右手太麻烦了。爸爸一直在扳我的手指，最前面的一节要立起来。

1974 年 7 月 10 日　　星期三　　小雨

妈妈到办公室来看我了，我就可以休息一会儿，手都酸了。我们一起玩敲瓶子游戏，用啤酒瓶装上水，然后用筷子敲，敲了以后，声音都是不同的，把 7 个瓶子都装上不同数量的水，从最少的到最多的，然后再敲，我才发现声音与钢琴右手弹出来的差不多，有一些一样，有一些不一样。然后，妈妈让我把不一样的倒掉一些水，就差不多一样了，有的是加一些水就差不多了，真好玩。

1974 年 7 月 11 日　　星期四　　阴

今天妈妈也弹了 4 个小节，我敲瓶子，后来我弹，她敲。每次我敲的时候都能踩上她弹的点儿。水越多，声音越低；水越少，声音越高。爸爸拿回来 3 个瓶子，我们又装上了水，已经有 10 个瓶子了。

1974 年 7 月 12 日　　星期五　　晴

今天做了好多分数的作业，妈妈让我敲空瓶子，然后跳到水最多的瓶子，然后再敲一半水的瓶子，我才发现水是一半的那个瓶子的声音正好就是琴键上的发（4），就在中间，妈妈说这就是二分之一。

以上摘自我的日记。

直到上了北京师范大学数学系，我才看到《唐老鸭漫游数学奇境》的动画片，也才知道古希腊数学家毕达哥拉斯是最早用分数来确定音符的人。拨动一条线上不同比例的地方，就可以听到不同的声音，并通过确定比例的数字来标定这个声音，这样就可以重复同一个声音了。

毕达哥拉斯
（Pythagoras，约公元前 570 年—前 495 年）

回顾过去，钢琴我只学过这一个假期，不到两个月的时间，后来手风琴倒是学了 4 年。在音乐中，我找到了许多跟数学相通的东西。比如，哆（1）来（2）咪（3）发（4）唆（5）拉（6）西（7）加上升阶哆（$\dot{1}$），在钢琴键盘上，这 8 个琴键是白色的，还有 5 个黑色的琴键，加起来就是 13 个，排列起来就是 5、8、13，恰好是斐波那契数列中的一段。

再比如，常用的和弦哆（1）咪（3）唆（5）就是奇数组合，而来（2）发（4）拉（6）就是偶数组合。还有对节拍的熟悉，从熟练到合拍，都能直接同步体会到节奏中的分数和比率。

Math 儿童心理的奥秘

波士顿儿童医院附属认知神经科学实验室过去 15 年的研究发现，从小学一年开始接触音乐的孩子，在数学测试中的表现和对概念的理解都比没有接触过音乐的孩子高出许多。哈佛大学儿童发展研究中心通过过去 50 年的研究也得出了相同的结论。

Learned From Dad

我没有成为音乐家，不像我父亲，他是作曲家，在他那个年代写出了一些脍炙人口的歌曲。我虽然会拉手风琴，但在生活中也很少会自娱自乐地拉上一段早已熟练自如的《骑兵进行曲》《小放牛》等。音乐对我来说，似乎就是为了完成一个阶段的任务，从小学五年级的暑假开始到初二这个阶段。与其说是练习手指的灵活性，倒不如说是在脑海中一遍又一遍地重复那些有规律的音符，每个有规律的音符连在一起都是动听的和弦，在不同的数字组合间来回跳跃，旋律就不断地变换和流淌，这才让我真正体会到艺术的表现力，数学的美。

学习钢琴能够直接影响孩子对分数的理解。小学五年级开始学习分数，其实是不容易的。

在数学的发展历史上，分数是从毕达哥拉斯制作弦开始的。一根弦拉长，绷直，手指划过，发出声音。毕达哥拉斯将弦截半，再拉长，绷直，手指划过，又有一个声音。然后继续下去，毕达哥拉斯分别记录了自己的做法，以及对应的声音。从此便有更多的人开始探索声音的不同组合，并尝试用符号表示，这时，分数的样子就出来了。

扫码看视频讲解

小时候，爸爸经常说，记不住公式没事，能现场把公式推导出来才是本事；能够唱出一段歌曲来不稀罕，在钢琴上找到那段曲子的音符才是本事。

那时，隔壁女高音吊嗓子的时候，我就在这边的钢琴上一个键一个键地找那些音，然后写下来。学习分数的时候，我特别喜欢$\frac{1}{7}$、$\frac{2}{7}$、$\frac{3}{7}$，就是因为能够找到音阶，嘴里能够哼出调子来。

这个过程，根本不是在做题，而是在探索。爸爸实际上带着我走了一条探索的思维小路。

比如：

A：3 + 8 =（　）
这是常见的题目，这个题目还有一个形式——
B：11 =（　）+（　）
题目A，确定的已知信息，运用规则，得到确定的结论。
题目B，确定的出发点，运用规则，得出不确定的结论。

不同的题目引发出学生大脑的思索方向、路径都不同。

主要区别有三点：

1. 题目进入大脑后触发的思维机制不同。

2. 解题涉及的意识范围不同。

3. 解题后留在孩子头脑中的结果不同。

稍微复杂一点的题目，你可以看一下。

在中国，这道题是这样出的：
一个三角形的三边是2cm、3cm、4cm，那么这个三角形的面积是多少？
在英国、美国、澳大利亚，这题是这么出的：
一个三角形的三个边，最长分别可以是2 cm、3cm、4cm，判断并证明，这个三角形的面积最大限度可能是多少？（A triangle has sides of length at most 2, 3 and 4 respectively. Determine, with proof, the maximum possible area of the triangle.）

两个题目的出发点不同，抵达的目的地也就不同了。

第一条：思维机制不同。

中国孩子面对这道题时的思维是：构建边长为2cm、3cm、4cm的三角形，然后设法找到最大边的垂线的长度，通过运用勾股定理，进一步运用三角形面积公式，本题迎刃而解。

英国孩子面对本题的思维是：尝试如何构建一个面积最大的三角形，限制边长为2cm、3cm、4cm，然后才是运用勾股定理和三角形面积公式，解出本题。

第二条：意识范围不同。

中国孩子解答本题的意识局限在三角形面积公式和勾股定理的运用上。公式、定理运用一次而已。内核是：运用规则，然后强化对规则运用的熟练性。

英国孩子完成本题的意识会涉及多个三角形面积大小的比较，然后才是公式的多次运用，运用的目的涉及判断和比较。这两个植根于生活并且经常需要用到的意识，在中国的题目中就没有体现。在解决问题的过程中，英国孩子通过多种可能性的比较，扩大了思维的范围。

第三条：结果不同。

中国孩子解出本题后，留在大脑中的内容仅仅是公式和定理的强化记忆而已，结果可能只是对公式的运用更加熟练了。

而英国孩子在解出本题的过程中，他们之间的交流涉及图形大小的判断，涉及判断时需要依据的公式和定理，涉及公式和定理的选择，以及判断时的思考方式。其中融合了大量的判断、尝试和探索，而不是简单的规则运用。

类似这样的例子非常普遍。这道题仅仅是我在辅导中、英、澳等不同国家的孩子参加数学竞赛时的点滴感悟。

> 对大人来说，这个过程叫探索；对孩子来说，就是玩：有组织、有计划、有步骤地玩。今天回忆往事，我才明白爸爸做的这些具体的事情，都蕴含了参与、体验和探索的过程。

我坐在钢琴前的凳子上，爸爸坐在旁边，嘴里哼着：丢啊，丢啊，丢手绢。我抬手在钢琴上找对应的音符，一个一个尝试，同时嘴里哼出对应的音符：唆（5），咪（3），唆（5），咪（3），唆（5），咪（3），来（2），咪（3），唆（5）……

我学习乐谱的过程，与多数人不同。多数人都是先认识谱子，知道发音，然后用手指找到钢琴上对应的那个键。我恰好相反，是从听到的调子中寻找钢琴上的键，来核对听到的音。这大概就是爸爸的教育给我的大脑留下的一种痕迹，不从公式去操作，而是从操作中自己感受其中蕴含的规律，并渐渐体验，让自己对自己发现的规律熟练起来。这种做事和处理事情的方式叫实用主义。

这种思维方式的好处就是不会被现有条件限制。没有钢琴？没事，用盛有不同数量的水的啤酒瓶，也能够找到《丢手绢》的曲调，用任何能够发音的东西，都能够奏出曲调。

同样，做加法、做减法，不用去记所谓的“凑十法”①，而是用自己感悟到的“双手合十法”就可以了。“双手合十法”是我把自己的双手当作视觉工具解释“凑十法”的形象化说法，拿出双手，一眼看过去就是10根手指，形象、有趣，让人印象深刻，比来自老师的黑板、来自纸张上的“凑十法”要更有切身感受。

① 源自小学老师教孩子巧妙处理数学运算的一种方法。比如：$3+5+7$ 的运算，可以先做3和7的加法，就是10，然后快速心算出答案为15。这个方法，通俗的叫法就是“凑十法”。

爸爸从事的是乐曲创作，办公室有各种能够发出声音的乐器。其中有一个竖琴,一直立在爸爸办公室的角落里。有时我用钢琴找到《丢手绢》的调子后，又用竖琴去找。长长的一根弦，我从中间开始拨，听到声音后，又从这个中点向上拨，听声音，再从中点向下拨，再听声音。我体会到的是，一半，一半的一半。等到课堂上，老师讲分数的时候，我脑海中直接反应出的就是弦的一半，以及一半的一半。

我脑海中是先有了数量被切分的认识，再接触数学中的说法。而多数同学是没有整体切分的认识，便直接接触了分数的说法。

多数同学的这个认识，在认知心理学上叫附着信息，而我大脑中的那种认识过程是原生信息的发展，就是先有了一个来自实际的认识，再接触到抽象的、提炼出来的术语（分数）。这时，新的术语便直接在脑海中生了根，因为这个根底下原本就埋下了一颗种子，而新的术语在种子上发芽、发育、发展，便会一直坚实，不会走样。

实用主义与系统知识进入大脑的次序不同，会影响人对内容的理解程度。从实用主义出发，人的目的性更强。次序颠倒，便难以理解，就只是为公式而公式了。

很多孩子没有这样幸运，他们没有那个根，所以，附着到大脑里的新术语只能依靠不断地重复、不断地练习来强化记忆，而不是靠理解。通过大量的练习，有的孩子能在大脑中与现实中的事情结合起来，也就生根了。但有的孩子却难以做到生根，10 年后，这些分数的概念就变成了习惯，但并不是真正透彻地理解。不能做到理解，相关的从分数扩展出来的术语也就渐渐遗忘了，比如真分数（最简分数）、假分数、带分数这些术语，都是无根的，也就遗忘了。根，就是那种实用的目的。

家庭中，有大量生活细节可以帮助孩子播下各种数学的种子。等孩子到了课堂上，一下子就能把新学到的术语词汇与这些种子连接起来。种子周围是有土壤的，这片土壤就是周围的脑神经元，它们能够让种子发芽、发育、发展得更好。在我家，**妈妈负责让我不惧怕数学，同时产生兴趣，而爸爸则扩展了我的灵活性。**

数学思维需要准确的理解、灵活的思考以及严谨的操作。这三个思维层面的耕耘都来自爸爸。

准确的理解：重要的是次序，必须先有对一个事物的直观认识，然后才是文字符号。

比如分数 $\frac{1}{2}$，必须先理解这是一个实物的一半，然后才去认识白纸黑字上的 $\frac{1}{2}$。类似的在我日记中有所体现的还有概率（可能性）、周长、面积、体积、温度等。源自现实中可以看到、摸到的都是直观事物，对这些熟悉后，轮到老师讲术语了，一点就通。

感谢我父亲没有那么多的文化知识，他自己没有上完小学，就找工作挣钱，养家糊口了。这样一来，他自己也不懂术语，从小我就是在玩的过程中自己领悟的，包括生活中的数量、数量的变化、数量的关系等，都是出于实用主义的现实。

对比现在很多家庭，父母自身文化水平较高，在家里给孩子辅导数学时，常常直接使用术语，这必然会导致三个消极后果：

1. 孩子大脑中对直观事物熟练的时间不够，扩展不出神经元土壤，种子没有种到位。
2. 孩子似懂非懂地到了课堂上，听老师一讲，貌似自己知道术语，也就忽视了听老师的全面解释，进一步造成残缺不全的理解。
3. 当遇到不会做的题或者经常出错的时候，孩子会陷入两难的认识，不知道该信老师的，还是该信父母的。

在家中，不要**讲解**学校中的数学术语，不要**讲解**学校中的数学公式。这是我学习儿童认知心理学后，再结合自己的成长过程，结合我日记中的点滴，得出的结论。

灵活的思考：重要的是方向，以及可能性。

从纸上的音符到琴键上的对应位置，是一个思考方向；从听到的音调到琴键上的对应位置，是另外一个思考方向。两个不同的方向，让我操纵自己的大脑来去自由。

爸爸说放学来接我，每次的“接头地点”都是在早晨上学的时候临时约定，从没有一个固定的地点。比如说，约定粉楼的转角处，让我看一眼，我尝试记住，放学的时候就走到约定的地方。

这也是一种生活中的灵活性。不要小看这样的随机约定，长期下来，大脑总是保持警觉的状态，全年无休，随时准备接受指令、解读指令、记住指令。长期行为变成习惯，养成的就是一种头脑的灵活性。

如果大人对孩子说，以后就这个地方接你了，长期不变，大脑就节省了开支，把一类事物变成了下意识的行为，不再进一步调整了。这在很多女孩子的思维表现中非常明显。

比如，小红要做20道题，已经做完11道了，还要做多少道？孩子本能地写：$11+9=20$，就是不能写成：$20-11=9$。这个孩子的妈妈写信给我，并强调说对孩子解释了很多遍，要用减法，用减法，没用，下一次碰到这类题目，还是写成加法。

原因：加法训练过度，形成了认知的思维定式。

比如，暑假回来升学了，上初二了，听到铃声，从楼道跑进教室，一进门，发现走错了，还是初一时的教室。出来后想了一下，才跑去了正确的教室。

Math 儿童心理的奥秘

思维定式就是大脑贪图省力，以后不用特别记忆了，不用想了，成为一种惯性，让惯性驱动肢体采取行动。加法做得太熟练，熟练到变成了下意识，遇到任何新问题，都习惯性地用加法解决，大脑固化到了僵硬的程度。

Learned From Dad

重新想一遍我爸爸的做法是提供多变的形式、多变的方式、多变的方向。这样，你才会理解，灵活思维的培养不是一日之功，而是日复一日地变化着，大脑习惯了各种变化，才能灵活、警觉，时刻准备着。

操作的严谨：重要的是专注。

了解乐谱基本知识的人应该都知道，7 个音符为一个音阶，其中还有 4 个半音。能够听准并找到声调中的半音是最难的。很多抒情曲中都有较多半音，听到歌曲，找到每个音对应的键，这个训练动作是爸爸与我常玩的游戏。我们一遍又一遍地播放李谷一的《乡恋》，暂停、找音，我做一个，爸爸做一个。这样来一遍，好玩、有趣、富有挑战，过程中什么都学到了，严谨地对应准确的音，培养耳朵的敏感性，专注地听，好像连歌唱过程中一根针掉在地上的声音都能听得出。

后来才体会到小泽征尔最牛的地方。在指挥贝多芬交响乐《命运》时，到了高潮阶段，他突然指挥棒一挥，全体乐队鸦雀无声，接着，指挥棒向一个方向指去，那边一个人站了起来，说："对不起，指挥先生，我刚才确实控制不住，放了一个屁。"

严谨的训练不是只能通过不断刷题才能够实现，还可以通过专注地听、专注地玩、专注地在乎每一个步骤的安排，比如下棋，这些都是能够带来严谨思维的过程。

回顾爸爸给我的数学认知，理解的准确性、思维的灵活性、操作的严谨性，这三个层面的思维方式是最宝贵的。这些又都是在不知不觉中，通过玩儿、猜测、实践和参与各种活动而来的。

妈妈，启发了我对数学的兴趣；爸爸，给了我思维的方法。

第一题

如果孩子大量刷题，比如短时间内做了很多加减法的题目，这对孩子的大脑思维来说，将出现如下哪种结果：

A：思维更快、更灵活

B：出现懈怠和厌烦的感觉

C：形成思维定式，记住套路

D：更加擅长并热爱数学

（参考答案见本书末尾）

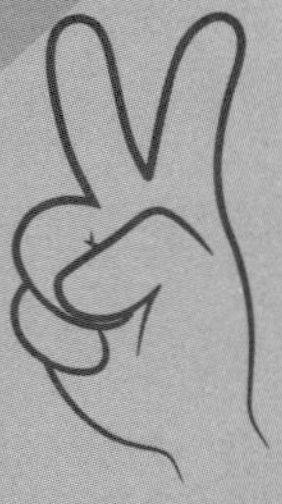

数字间的故事

◎孩子的大脑是初期建设的园地，发现一个规律，就如同播下了一颗种子，这颗种子是会生根的。

◎老师教的，是以一种方式进入了孩子的大脑；孩子自己悟出来的，叫开窍。开窍就是自己打开了一条路上的门，他会更有动力想要走下去。

1975 年 4 月 7 日　　星期一　　晴

回家的路上，我和爸爸玩了猜数游戏，我想了一个数，爸爸让我弄得难一点，就想了一个 147，不告诉爸爸，然后，把 147 倒过来，变成了 741，然后要做减法，我自己算出来了，我告诉爸爸第一个数是 5，没有想到爸爸能够猜出来最后一个数是 4。

1975 年 6 月 1 日　　星期日　　晴

今天儿童节，我们去北海公园了。路上，我与爸爸一起数了有 8 站就到公园门口。过桥的时候，上去的台阶有 18 级，下去的台阶有 14 级。我还记得我的学号，爸爸让我记住学号的最后一位，然后，爸爸带我玩了一个数字游戏。我的学号是 18，最后一位就是 8，爸爸让我乘 2，我乘了，让我加 5，我加了，让我乘 50，我想了一会儿，乘好了，然后让我加 1725，结果就是 2775，然后，爸爸让我减去我出生的年，1963，得到的数字是 812。第一个数字就是我学号的最后一位，12 就是我的岁数。

以上摘自我的日记。

那一年是兔年，那一年的儿童节，是我记忆中最好玩的儿童节，我记得后来上学给好多同学做了这个游戏，答案没有一个例外的。不用告诉我学号的最后一位，只要按照我的要求计算就可以了。

- 第一步：用学号最后一位乘以 2；
- 第二步：加 5；
- 第三步：乘以 50；
- 第四步：加上 1725；
- 第五步：减去你的出生年份。

最后，就得到一个三位数，第一位就是你学号的最后一位，后面两位就是你的岁数。

啊哈。

好玩的就是好玩的。同样，你随便整理一个三位数，也是一样的。比如 138，前队变后队，就是 831；然后做一个减法，就是 693；你只要告诉我第一位，我就知道最后一位。比如，你告诉我第一位是 6，最后一位一定是 3，中间那个数一定是 9；如果第一位是 4，最后一位肯定是 5。不信，你可以自己尝试，多尝试几个。

读这本书不是看小说，不能光读不思考。拿出手机，打开计算器，或者就在我们随书提供的草稿纸上，按 3 个数字，然后减去前后颠倒的三位数字，必会得到一个新的三位数。看一下，第一位与第三位的和一定是 9，中间那个数一定是 9，如果你得到的是一个两位数，比如 132 与 231 的差，那么，只能是 99。

自己做一遍，才算是真正有了对这段内容的认识。然后，也许你愿意与孩子一起玩，去感受运算的神奇。

那个阶段，我如醉如痴地折腾各种数字。这是我自己小时候的感受，一直印刻在脑海中，一路驱使我走到今天。

学过儿童心理学真好，知道了认知心理学中的核心理论，再看看自己儿时的日记，不能回想出很多细节了，但那些过往经历，竟然就以这样的方式印证着心理学揭示的规律。

让我们细致地回顾一下爸爸与我玩的游戏，其中涉及了乘法，还有简单的加法。有一次涉及两位数（50）的乘法，还要来一次四位数加法，一次四位数减法。这些都是口算的，都是被一个猜测笼罩着、引诱着要去算的。也就是说，对孩子来说，好奇心能够足足地支撑着他，为了一个悬念，一路口算，不管是乘法，还是四位数加减。更重要的是，会无休无止地，走路想，睡觉想，吃饭的时候想……我在脑海中做了多少道口算啊。

我在小学六年级下半学期时，如同变了一个孩子，老师惊讶于我的口算表现怎么提高得那么快。老师可不知道，那是爸爸播下的一颗种子，播下后，他就不管了，可这颗种子在我的脑海中不断生长、发芽，拦都拦不住，一遍又一遍地口算、心算，我陷入了对神奇、神秘、神灵般的数字运算的着迷。

Math 儿童心理的奥秘

儿童认知心理学揭示，10 岁左右，孩子开始对一些神秘的事物产生好奇，尤其是有规律的、能够猜测到的，比如数字的变化。自己不说，别人就能够猜到的，对孩子有强烈的吸引力。这绝对比一张试卷中罗列 20 道运算题要有吸引力，这个吸引力能够推动孩子不断地自己去尝试、去验证，并真的陷入其中，去想啊、想啊，想不出来。然后，找别的小朋友去试验，来显示自己的“超能力”，如同数字魔术一样诱人。

Learned From Dad

一发不可收拾，我自己琢磨出了很多规律。这就如同你给了孩子一个盒子，任由他自己去打开，打开后，他看到了其中的秘密，又看到了另一个小盒子，然后他继续研究、探索，打开后，又收获了一系列养料。那个种子茁壮成长，之后还有小盒子……看看如下被打开的“小盒子”：

1. 任何一个数乘以 2 得到的数字的最后一位，必然只能是 0、2、4、6、8 之中的数字。所以，你给我一个数，我只看个位，就知道能不能被 2 整除。
2. 任何一个数乘以 4，得到的数也有规律，那就是后两位一定是 4 的倍数。反过来，也是一样，如果一个数的后两位能够被 4 整除，那么这个数一定也能被 4 整除。比如 348，最后两位 48，可以被 4 整除，那么 348 一定可以被 4 整除；如果是 342，后两位是 42，不能被 4 整除，那么 342 就不能被 4 整除。

《妈妈教的数学》出版后，很多读者添加了我的微信，留言分享阅读体验，其中有如下两段：

- 娃今天说：妈妈，我发现马路这边的门牌号码都是双数，那边的都是单数。
- 还有一个：妈妈，我发现咱们家，我和爸爸都姓郑，你和姥爷都姓徐。

类似这种分享，我收到了很多，看到这些留言时，我能够感受到现场孩子表现出来的兴奋，就如同当年我自己的兴奋。

Math 儿童心理的奥秘

不要以为这样的发现幼稚，对一个孩子来说，大脑是初期建设的园地，发现一个规律，就如同播下了一颗种子，这颗种子是会生根的。

我发现的规律，实际上小学六年级的老师都会教，但老师教的，是以一种生硬的方式进入了孩子的大脑；孩子自己悟出来的，叫开窍。开窍就是自己打开了一条路上的门，他会更有动力想要走下去。如果是课堂上老师给的，孩子心里会觉得，那是一个外来的，是老师教给我的，是早就被发现了的，自己是弱小的，是无知的，是茫然的，只能依靠老师，不断地问老师："还有吗？还有什么？"而不是自己驱动自己打开的门、走过的路、探索出的思路。

Learned From Dad

我自己发现了 2 的倍数、4 的倍数，然后就开始继续琢磨 3 的倍数。这个过程，让大脑熟悉了多少数学的术语：倍数、因数、位数、个位、数位和[①]……后来没有顺利发现 3 的倍数的规律，却发现 5 的倍数最容易，任何数乘以 5 以后，都只有两个可能，个位数不是 0，就是 5。判

① 数位和就是任何一个数，各个位数上的数字之和。比如 243 这个数，2、4 还有 3，这三个数的和，就是 9，这就是数位和。《妈妈教的数学》中介绍的一种快速验算四则运算题目对错的方法，就用到了数位和这个概念。

断一个数是不是能够被 5 整除，关键就看个位数，如果是 0 或者 5，肯定可以被 5 整除。

然后我就发现，可以利用这些规律“操纵”别人了。比如，让一个人随便想一个一位数，让他把这个数乘以 5，这时，我就知道个位数只能是 0 或者 5；然后，我的指令是加 3，这时，个位的结果只能是 3 或者 8；再命令对方乘以 2，这时，个位就只能是唯一的一个数了，那就是 6；这个时候，只要让对方加 4，我就控制住了个位数——肯定是 0；最后，让对方除以 10，这时对方就会非常好奇，我怎么知道这个数可以被 10 整除呢？我的小心情，就是这么自我感觉极其良好的。

要不信，你自己尝试一下，非常好玩。我罗列清楚步骤，然后，你可以体会到神奇：

- 第一步：让对方想一个数字，一位数；
- 第二步：命令对方把这个数乘以 5；
- 第三步：让对方加 3；
- 第四步：让对方乘以 2；
- 第五步：让对方加 4；
- 第六步：让对方除以 10；
- 第七步：直接告诉对方，减去 1，就是你刚才想好的那个数。

我后来就读于北京师范大学，皈依数学系，毕业论文师从曹才翰教授，他是数学教育家，我毕业论文的题目是“中小学儿童数学认知模式”。

论文中参考了北师大心理学系林崇德教授的著作《儿童心理学》，写论文的过程中，我得到了北京八中学生、北京实验二小老师的支持。最终得到的结论就是：

> 一个数学概念有两种形式，一种是概念本身的操作形式，一种是概念的术语形式。如果学生首先接受的是术语形式，那么，就需要用大量的练习来巩固他对这个概念的理解；如果学生首次接触的是操作形式，那么，不用大量的练习，他仍然可以透彻地理解和掌握概念。

比如因数，这是一个概念。2 是 6 的因数，这是术语形式。如果孩子有机会自己好奇地去乘以 2，那他渐渐就会发现一个数乘以 2 以后的样子，以及除以 2 时候的情况，也就从操作意义上理解了因数的含义，这时再让他接触因数这个词汇，这个概念一下子就在脑海中扎根了。

我的妈妈让我有了对数学的兴趣，主要是通过平常的数数、测量、比较，并做记录，详情请看《妈妈教的数学》一书。而爸爸让我习惯了数学的思维方式，就是不用考虑概念和术语，直接去操作，比如给我各种带有诱惑力和神秘感的神奇的数字形式，总是有奇怪的“猜猜猜”的玩法，让我自己主动地、自动地玩转了因数，弄明白了整除，对数位、个位数、数位和了如指掌。等老师教概念术语的时候，我就如鱼得水，那个感觉真是得意极了，就好像是我自己发现的一样，然后再做老师给的题目，没有能难住我的。

> 这不是刷题的胜利，而是思维的战役。是爸爸用巧妙的游戏引领我深入了数学的这些概念，不是术语，而是概念的实际表现形式。熟悉形式的过程是激动人心的，带着快乐和谋划得逞的感觉，与其他小朋友一起玩的时候，总是能够创造神奇，这才是爸爸带给我的天地。

我的日记中记载了一些往事，还有很多没有写进来。阅读 40 年前的日记，把我带回了那个时候，不是怀旧，而是感激，更多的是神往。在我自己当了老师之后，从这些昔日的日记中挖掘出了更多的宝藏，把它们分享给更多的学生。

让我们重新把三位数玩坏！你随便想一个三位数，比如 137，前队变后队，就是 731；然后做一个减法，得到的是 594；继续将 594 的前队变后队，得到的就是 495；最后再做一个加法，看得到什么：1 089。必须地，你只能得到这个数。无论你最初想的三位数是什么，只要你按照这个步骤，都会得到这个数：

- 第一步：任意一个三位数；
- 第二步：颠倒次序；
- 第三步：大的减去小的；

- 第四步：再颠倒次序；
- 第五步：两个相加；
- 第六步：得到 1089。

> 我们在与孩子玩的过程中，能够熟悉如下一系列窍门：
> 1. 任何一个数被 2 整除的规律；
> 2. 任何一个数被 4 整除的规律；
> 3. 任何一个数被 5 整除的规律；
> 4. 任何一个数被 3 整除的规律；
> 5. 任何一个数被 6 整除的规律；
> 6. 任何一个数被 9 整除的规律；
> 7. 任何一个数被 11 整除的规律；
> 8. 任何一个数被 7 整除的规律。

扫码看视频讲解

让我们在今天的时代背景下，继续玩刚才那个学号的游戏。现在人人都有手机，就用手机号码的最后一位吧，然后开始（你阅读这本书时大概是 2017 年，就可以按照如下的步骤操作）：

- 第一步：乘以 2；
- 第二步：加 5；
- 第三步：乘以 50；
- 第四步：加 1767；
- 第五步：减去你的出生年份。

好了，你得到一个三位数，第一位就是你手机号码的最后一位；后两位，就是你的年龄。神奇，总是神奇地降临。

简单一点。随便想好一个数，然后开始：

- 第一步：乘以 2；
- 第二步：加 6；
- 第三步：除以 2；
- 第四步：减去你想好的数。

你现在得到的是 3。试一试，不要紧，如果你觉得神奇，不用想明白背后的原理，放心去玩，陪孩子走路的时候聊一聊，就当是锻炼简单的乘以 2、除以 2 的口算了。然后，每次的结果都是 3。这足够你与孩子交谈数学很长时间了。

我的爸爸没有教给我数学思维，而是陪伴我操作了数学思维，让我不断地在脑海中乘以 2、加 5、乘以 50，还有三位数减法、三位数加法，都是在脑海中的操作，没有浪费纸，也没有浪费笔，耗费的就是大脑，就是脑海中的神经元。

从小，爸爸妈妈就说我费鞋，走路老是踢石子，到小学六年级后，不再踢了，因为没有工夫闲得无聊了，走路也在想。而且，我还经常测试其他小朋友，每次都是神机妙算的样子，被同学起外号“诸葛庙孙”。

原来，数学思维应该是不断加工数字的过程，加工的时候，很多数字中的规律、窍门，以及数字之间的关系，都渐渐熟悉了。熟悉后，就是灵活地挪动、自由地转移、快速地测试。眼前过一辆车，号码看一眼，啊！这个数好，能够被 7 整除。那种满足，不是巧克力能够相比的。

贯穿我思维发展的是爸爸随口说的这些神秘的题目，作为数学老师的我，今天已不再觉得神奇。可是，我面对的那些 10 岁大的孩子，一旦开始接触我的这些奇妙运筹，就都会陷入其中。这充分说明，对孩子来说，如果他能够被这类雕虫小技吸引，是能够推动大脑积极地去运算、去思考，从而带动对概念的操作性理解的。一旦在学校接触到这类术语，就会有升华的感受。

爸爸没有将学校的内容教给我，爸爸是军人，是文艺兵，拉手风琴是他的专长。他自己努力学习，就是要弥补自己文化水平的不足。在学习乐谱的过程中，他的老师就是拿这些算来算去的题目充实枯燥的行军路的，一到走累了、走困了的时候，就用音符在脑海中想这些巧妙的算来算去的旅程，就这样走过他们行军的漫长路途。他走了一路，也带我走了一路；他走过了自己的军旅文艺生涯，把我推进了数学的天地。

爸爸不该教学校里教的数学，应该带动孩子一起玩那些有趣的、有埋伏的、有窍门的小算术，玩着玩着，我们好像都懂了。至少，我就是那个懂了很多的孩子。

第二题

爸爸与我来回进行这种数字的计算，都是在路上的交谈，而不是以书面形式。我们不断测试不同的数字，结果都能预测准确。这种活动多数情况下能激发孩子的好奇心，并进一步影响孩子：

A：愿意写出来并研究规律

B：愿意掌握规律并测试其他小朋友

C：愿意学习数学并努力钻研

D：愿意思考并养成习惯

（参考答案见本书末尾）

钥匙去哪儿了

◎很多孩子做题的时候喜欢跳跃步骤，这其实是思维的瑕疵，这样，孩子便不再关注每一个环节和动作本身所带来的变化和影响了。

◎要注重思考，把思考的内容写下来；要注重环节，一个步骤得出结果后，要重新修订之前的思考。

1975 年 9 月 15 日　　星期一　　晴

我的钥匙又丢了，已经丢了好几次了。妈妈不高兴，我也不高兴。我不是故意的，是真的不记得了。妈妈让我马上去找，是不是有可能丢在学校了。爸爸让我不用着急，他给我画了一个格子，我好好想了想。

1975 年 9 月 18 日　　星期四　　晴

找到钥匙了，掉到书包里了，夹在书包底下的缝儿里。这是爸爸指导的找法。丢的那天，我找过书包，而且把书包都翻了过来，没有找到。我还找了衣服 dōu，还有我的书桌抽屉，都没有。用爸爸教的方法，还是在书包里找，就找到了。

以上摘自我的日记。

我的日记中没有画出那个表格，但那个表格印刻在我的记忆中，是永恒的，磨灭不去的，它是这样的，如表 3-1 所示。

表 3-1　钥匙在哪里

可能在	 书包里	 衣服兜里	 抽屉里
可能性（%）	70	20	10

这个表格显示了我当时猜测的三个地方。爸爸告诉我不要急着去找，而是先想。把想的事情写下来：可能在书包里，可能在衣服兜里，可能在书桌抽屉里。这样列一个表格，然后自己想想过去的情况。

妈妈说，我一年丢一次钥匙，这刚开学就丢钥匙，总是长不大。爸爸说，长大不是个子长得高，而是想的事情多；想的事情多是要看写出来的，就是写成这个表格的样子。

想过去找到钥匙的地方，不过就这三个，最有可能的就是在书包里。出门时，妈妈总是习惯性地将钥匙塞到我的书包里，上小学三年级后，我就不挂钥匙链了，挂在脖子上挺傻的，妈妈就把钥匙塞到我的书包里。我到家开门后，有时会顺手把钥匙揣到衣服兜里，有时会先到我的书桌那里，然后把钥匙放到抽屉里。

反正，我觉得钥匙在书包里的可能性最大。爸爸教我的是，可能性必须是100里的，三个可能性，加起来必须是100。上面的表格就是我给的可能性分数。可能性的分数越高，就越有可能在那个地方。

列出表格后，再动手寻找，当然，先找书包。实际上，我已经把书包翻遍了，书本都拿出来了，铅笔盒也拿出来了，都没有看到钥匙。我开始翻衣服，衣服被妈妈放到一个大盆里了，是要洗的。爸爸说，别着急去翻衣服，想想看，书包里都找遍了吗？然后，把自己脑海中想的事情写出来，如果可能，就清楚地列出表格。接着，爸爸示范给我这个表格。

这是我童年时期学到的最重要的课程，那就是采取任何行动前，先要充分地思考。爸爸就是这么要求我的。

爸爸和妈妈不同，他们俩下棋，总是爸爸赢，我一直觉得爸爸一定是比妈妈聪明。实际上，并不是因为聪不聪明，而是做事的方法不同——一个是行动在先，一个是思维在先。所以，下棋的时候，妈妈总是想悔棋，爸爸从来没有尝试过悔棋。找钥匙的事情中，妈妈让我立刻去找，结果还是找不到，爸爸就让我想彻底了再行动。

Math 儿童心理的奥秘

儿童发展心理学中有一个重要的变化阶段，就是从 9 岁到 12 岁这一时期，孩子不再是以行动的方式开始模仿周边世界了，比如走路、跑步、踢球、爬树，都是以触觉行为先导的，孩子从行动中体会到与外界事物之间的互动，并学到互动的方式、作用的方式，以及外界事物反应的规律。到了 9 岁以后，孩子开始通过视觉学习，也就是通过文字的形式来探索外界，那么，形式就要开始变化，不是先行动，而是先书写，把要采取的行动写下来，或者把采取过的行动写下来。

Learned From Dad

写日记就是这样的。这样做符合这个阶段的大脑发育节奏。儿童心理学中特别指出，大脑形成的过程有四个阶段：

- 第一阶段：接受运动性信息，并模仿；
- 第二阶段：接受规律性信息，并自我解释；
- 第三阶段：接受结构性信息（就是课本上的知识），并尝试使用；
- 第四阶段：加工一切信息，并形成见解。

9 岁开始进入第三阶段，会一直延续发育到 18 岁。这个时期，重要的做法就是训练孩子使用文字，描述看到的事情。**写出自己的行动，并尝试用文字的形式把所想的事情写出来，看到写的字时，大脑还会再**

过一遍，也就是初级加工。

我找了书包没有找到，打算去翻衣服兜的时候，爸爸说，等一下，然后问我，如果在书包里，你找了，找到的可能性是多大。啊，学过认知心理学、从事教师工作的我，在回顾这样的关键对话时，简直就是找到了宝藏。这个问题一下子打开了我思维的表层：如果钥匙在书包里，我找了，也有找不到的可能。对啊，是的，比如找的过程太潦草，找的过程中被一本五颜六色的书吸引了，都有可能啊。不过，我还是比较细致的，如果真的就在书包里，还是找到的可能性大。

爸爸继续追问我，可能性大是什么意思？我说了个数，60，就是说可能性是60%。那么，钥匙在书包里，找不到的可能性就是40%。这个时候，那层思维的表层就被撬开了，找过一遍以后，钥匙仍然在书包里的可能性还是存在的：

- 钥匙在书包里的可能性是 70%；
- 我没有找到的可能性是 40%；
- 那么找过一遍，钥匙仍然在书包里的可能性就是 28%（70%×40%），意思是说，我有 40% 的可能没有找到有 70% 可能存在的东西。

到此，一节学校中从来没有教过的重要操作实践课就呈现了出来。每采取一个动作后，都有这个动作导致的结果，这个结果影响着整个事情的最终结果。找书包这个动作，对找到钥匙这整件事情的最终结果是有影响的，那么，找书包这个动作的结果，也应该被当作一个因素记录下来，并纳入到下一步的行动中作为参考。

Math 儿童心理的奥秘

很多孩子在做题的时候喜欢跳跃步骤，觉得步骤已经非常熟悉了，于是列出一个算式，然后省略了中间四五个环节，就跳出结果了。其实，这是思维的瑕疵，是老师、父母过度追求速度、追求结果、强化练习速算的后果，这样，孩子便不再关注每一个环节、动作本身带来的对事情的变化和影响了。

Learned From Dad

找钥匙这件事，奠定了我日后做事细致的风格。做题要一遍做对，不追求快，而是追求做过的题一定是对的，每道题都有具体的步骤。爸爸的行为给我的印象太深刻了，找了一遍书包，没有找到，这是一个环节的结果，这个结果同样影响下一步的行为。

找过一遍，钥匙仍然在书包里的可能性是28%。当时还没有找衣服兜，也没有找抽屉，那么，钥匙在衣服兜中的可能性仍然是20%，在抽屉里的可能性仍然是10%。要把三种可能性的总和变成100%，这是一个放大的过程，这个过程当时我不会，是爸爸帮我完成的，当然，对于今天的我来说，那是易如反掌了。

三个可能性分别是 28、20、10，① 同比放大为三个数，总和是 100，放大的方式是，三个数相加，即 28＋20＋10，总和是 58，按照 28 ÷ 58 的比例放大 28，得到 48.28，意思就是，28 占 58 的 48.28%；然后按照 20 ÷ 58 的比例放大 20，得到 34.48；按照 10 ÷ 58 的比例放大 10，得到 17.24。重新整理的格子就是这样的了，见表 3–2 所示。②

表 3–2　第二次找钥匙在哪里

可能在	书包里	衣服兜里	抽屉里
可能性（%）	48.28	34.48	17.24

现在是不是有点明白了？第二次寻找不该去找衣服兜和书桌抽屉，还是要在书包里再找一遍。这次找得更加彻底一些，如果还是没有找到，那么，疏忽的可能性下降到 10% 以下，这时：

- 钥匙仍然在书包中的可能性是 48.28%；
- 因疏忽而没有找到的可能性不到 10%；
- 那么，找过两遍，钥匙仍然在书包里的可能性就不到 5%（48.28%×10%）了。

扫码看视频讲解

然后，才应该寻找下一个可能的地方。

让我们都回归到自己的实际生活中去思考一下。比如，你找不到自

① 为计算方便，本段数值不加“%”。
② 除法除不尽，四舍五入，保留小数点后两位。

湛庐阅读
与最聪明的人共同进化
听一听
泛读、通读、精读，
选取适合你的阅读方式
精读班
一书一课
通识课
读一读
湛庐纸书一站买，
全年好书打包订
书城
扫一扫
买书、听书、讲书、
拆书服务，一键获取
扫一扫
即将上线
牛奶可乐经济学
每天免费听
有声书091·《百马人生，跑向纽...
有声书077·《用脑拿订单经典版》
APP获取方式：
安卓用户扫码下载，苹果用户APP Store直接下载
“湛庐阅读”APP，与最聪明的人共同进化！

己的手机了，你推测了一下，在书房的可能性最大，在厨房的可能性第二，在卧室的可能性第三。这样的想法都是一闪念的，然后，采取行动，先找了最大可能性的书房，没有找到；继续行动，找了第二大可能性的厨房，也没有找到；然后立刻寻找卧室，还是没有找到。最后，你定了一下神，重新去书房找，果然，让你找到了。

以上是很现实的情况，多数人都是这样的。我爸爸给我的大脑植入了与此不同的模式，后来影响了我一生。与众不同的思考模式，才会导向与众不同的思考结果，也就必然会出现与众不同的行为。人与人之间的境遇不同，本质上都是行为不同导致的。行为的不同，本质上又是思维的不同导致的。比如，寻找钥匙这件事，爸爸留给我的就是注重思考，把思考的内容写下来；注重环节，一个环节出结果后，要重新修订之前的思考。

让我们再回顾总结一下。钥匙找不到了，最有可能在书包里，妈妈催促我赶紧去找；爸爸说不着急，想一下可能在哪里，然后写下来，列出表格，根据表格中可能性最大的地方去找。找了，却没有找到，不要接着行动，而是把这个环节的结果当作重要信息重新输入思考的过程，重新评估最初的判断，再根据判断来付诸行动。这是一套完整的思维理性化过程：写成书面形式→阶段性输入→再次评估→再次决策→付诸行动。

我是在这样的环境中长大的，长大以后，也就特别反感什么都没有想好就立刻行动的人。这种人行动之后，要不就后悔，要不就得意忘形。**就算失败，没有可以检讨的步骤；就算成功，也不知道成功的真正原因，导致根本无法复制**。这样的思维习惯也就导致我行动慢，但只要出手，必达目标。

我的人生职业是顾问，能够冷静、理性、客观、尽量全面地收集信息，书写下来，然后慎重地得出结论，并重视第一步落实后的情况，根据反馈重新评估最初的决策，进行优化调整。我对自己的人生职业非常满意，过眼云烟般地看到很多企业号召执行、落实、行动力，这些都是简单的体力劳动模式，不能应对复杂的商业模式，也无法适应多变的时代、多变的信息。

对人的一生最重要的，其实都来自少年时期思维模式的熏陶，我爸爸能够塑造出我，我也成功地塑造了我儿子。我们同样都是理性、冷静地评估后再行动的人。

Math 儿童心理的奥秘

儿童发展心理学的特点是儿童的身体发育规律、心理发展规律、精神形成规律以及智力成长的阶段规律。儿童认知心理学强调的是认识事物、熟悉事物、掌握事物、操作事物的过程。

在家里，爸爸与妈妈的分工是天然形成的。妈妈负责的是操作性的，带领我玩的都是动手的内容，摘扁豆、包饺子、摆放饺子、数楼梯台阶级数等。爸爸给我的更多的是规律化、模式化的东西。妈妈落实了发展心理学的内容，扶助成长；爸爸落实了认知心理学的内容，就是动脑的过程、用脑的方式，从写日记到找钥匙时的列表格，都是思想的输出方式，通过输出强化自己再次加工，并按照每个环节的结果，对原始思维进行修正。

Learned From Dad

从事数学教学工作不仅让我回味并感激自己成长过程中的那些细节，也让我从自己教的学生身上，多次看到数学思维欠缺的表现。

我们用惊叹号表示一种运算的方式。比如，3！的意思就是 $1\times2\times3$，那么，8！就是 $1\times2\times3\times4\times5\times6\times7\times8$。请找出下面这个算式结果的个位数是多少：2017！－2016！＋2015！－2014！＋2013！－2012！…－6！＋5！－4！＋3！－2！＋1！

很多孩子遇到这道题时，就是留空，完全没有思路。

这个情况表现的就是大脑跳跃。跳跃到答案上，想知道答案，却没有思路。我辅导学生时，最重要的做法是，第一步：先把题目的意思说出来，并写下来。像我爸爸要求我的那样，不要着急找到钥匙，而是做好第一步，想好可能在哪里。

有的学生开始做第一步，把1！写出来。原题都告诉你了，这个步骤会不会？多数学生都会！为什么不做？因为脑海中跳跃到如果都这么做，是算不完的。可是，谁说让你算完了？不要小看这个思路，这是战胜一切难题的入手点，无论你做过还是没做过，都无所谓，一道题，肯定能让你弄懂题目的意思，肯定会有入手的点。比如，1！做出来，是几。然后，把2！做出来，写出来。继续写3！，然后4！，继续，5！、6！，都写出来。

数学思维是一种踏实的、一次一小步的风格，“严谨”这个词，就是用在这里的。如果你认真、严肃、踏实，就是不在乎要用多长时间，我能够做一个就先做一个，结果呢？规律就蹦蹦跳跳地跑到你的眼前，急于告诉你，我在这儿呢！我在这儿呢！看啊，这是答案，我就在这里。

- 第一步：把想的事情写下来。
- 第二步：哪怕想的是一件小事，也写下来，然后继续。
- 第三步：每完成一个步骤，都重新看一下最初的想法。

常见的数学思维缺陷是：这道题没有讲过，没有思路，索性放弃。缺陷是被结果吓住了，看不出结果，要找的东西完全不知道在哪里，索性就放弃你能够做的事情。比如，至少可以把题目中理解了的部分写出来，写出来以后，事情就如同洋葱一样，皮掉了，露出来一部分；然后继续剥一点，就露出来更多的部分。这才是正常的思维。人类能够走到今天的文明程度，都是一代人一代人积累出来的，一步一个脚印，对每个人遇到的每道题、每件事，都是一样。

如果每个孩子的成功都需要一把钥匙，你就需要知道这把钥匙在哪里。一个人是否能取得人生的成就，至少要到 30 岁才能够有一个感觉。那就不要计较 10 岁的时候考试成绩如何，应该计较的是做过的题目是否真正懂了，这是钥匙。每个题目的解出过程是不是都有严谨的步骤，每一个步骤是不是都能够揭示出信息，这些信息是否能够进一步与最初的想法核对上。这些才是钥匙。

家庭生活中，妈妈与我在一起的时间多，爸爸与我在一起的时间少。妈妈更多的是吃喝拉撒睡的管理，《妈妈教的数学》中揭示了我妈妈擅长的事情，那就是激发我的兴趣，培养我的好奇心，提示我关注周围的数字。爸爸说的那些数字都不是生活中的，却都需要花很长的时间去想。

森林里的动物们要开会，时间到了，发现大象没到。猴子说，天气太热，大象到冰箱里去了。斑马说，我去叫吧。兔子说，第一步，打开冰箱门。斑马说，知道了。

大象终于来了，会也开完了。长颈鹿问，冰箱里舒服吗？大象说，挺舒服的。斑马说，好，我帮你进冰箱吧。兔子问：第一步是什么？

第三题

采取行动后没有达到效果，并不是立刻换一个方式再行动，而是先进行反思。这是一个重要的思维方式，具备这种思维方式的人在生活和工作中多数会有如下哪种表现：

A：工作积极努力

B：想充分了再落实于行动

C：不断尝试，直到取得成功

D：积极读书，写读书笔记

（参考答案见本书末尾）

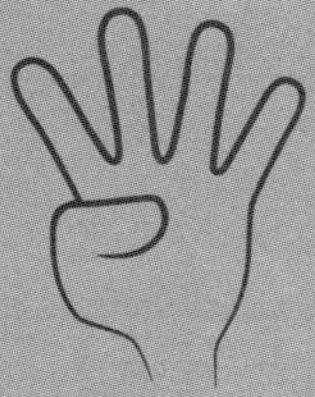

数学思维开窍的过程

◎老师、家长讲给孩子听，孩子能够懂，却不是自己的认识；不是自己的认识，终究是会被遗忘掉的。只有让孩子自己想透彻，他才会真正明白。

◎持续想就启动了大脑的思索，神经元之间开始进行各种可能的连接，不断尝试多种情况、多种组合方式的连接。

1974年10月6日　　星期天　　晴

小郑叔叔要教我游泳，水特别冷，清水河有一条船，很小，一次只能坐两个人。小郑叔叔问我，几次可以到对岸。一次就可以了。小郑叔叔说，现在有一个高年级的学生，还有我？我们3个人要过河，需要几次。两次。小郑叔叔说，我还有一个篮子，篮子里是好吃的，叔叔不看着我，我就会自己吃了。小船坐一个人，带篮子，就不能再坐一个人；坐人，就不能带篮子，要过几次。3次。叔叔说，如果一边留下我，还有高年级学生，高年级学生就会欺负我的。这样，要过几次。我想不出来了。

1974年10月18日　　星期五　　晴

爸爸也没有想出来过河要几次。爸爸说，不能去问小郑叔叔，要自己想。爸爸让我在地上画图，还带我去了清水河，那条船真的太小了。一个人划，只能多坐一个小孩。而且，多带东西的话，东西重一点，船就要沉了。

以上摘自我的日记。

看到这段时间前后的日记，当时的情景都涌现在眼前。那是在河南省淮阳县曹河乡，当时广播事业局的五七干校基地，从 1974 年的 10 月开始，我父亲带我去了那里，一直到 1975 年 1 月回到北京，其间 4 个月的日子，都在那里。原因就是我太淘气，还有那时弟弟才 4 岁，妈妈一个人带不了我们两个，父亲就特意请示单位领导，特批后可以带我去。结果，妈妈在北京带弟弟，爸爸把我带到了五七干校。

整个五七干校，只有两个小孩，连队指定小郑叔叔平时管着我们。小郑叔叔是广播事业局的技术人员，与爸爸同在二连。二连营地旁有一条河，叫清水河，小郑叔叔想教我游泳，我一直不敢，中间休息的时候，他就给我讲过河的故事。

老师不在的时候，高年级的孩子会欺负我；老师不在，我也会把篮子里好吃的食物提前吃掉。老师要带我们过河，这条小船只能满足老师一个人带一个学生，或者带一个篮子。要过几次，才能够平安无事地都过去？

题目就是这么简单，却纠缠了我3个月。12月的一天，河都结冰了，我才算把这个过河的问题解决掉。是我自己想出来的。

第一次过河，老师带我过，篮子带不上，就留在岸边，还留下高年级学生。然后，老师一个人驾船回来，带上高年级学生过河，这是第二次。过来后，再把我带回去。第三次，把我留在岸边，带上篮子过河，把篮子留在对岸，然后再驾船回来。最后就是第四次，带上我过去，平安无事。我、高年级学生，还有篮子，都完成了过河的任务。

我日记里说过三次，那样的话，不是我吃掉了篮子里的东西，就是高年级学生欺负了我，都不行。最重要的一次，就是把高年级学生带过河后，再把我带回来。这样，就避免了我与高年级学生单独留在岸边的情况。

具体步骤如下：

- 第一步：河北岸到南岸——老师带我过去；
- 第二步：河南岸到北岸——老师自己回来；

- 第三步：河北岸到南岸——老师带高年级学生过去；
- 第四步：河南岸到北岸——老师带上我回去；
- 第五步：河北岸到南岸——老师带上篮子过去；
- 第六步：河南岸到北岸——老师自己回来；
- 第七步：河北岸到南岸——老师再带上我过去。

长大后，我被北京师范大学录取，主修数学。在数学系，我见到了小郑叔叔过河这个脑筋题目的原题：

> 一个马戏团的人，带了一匹狼、一只羊，还有一篮子生菜，要去一个村庄演出。途中遇到一条河，没有桥，有一条小船。人划船过河，每次只能带一篮生菜，或者一匹狼，或者一只羊，不能同时带上两样。那么，几次才能够过河？

其中，相互牵制的关系就是，人不在现场的时候，狼会吃掉羊，或者羊会吃掉生菜。过河要保证安全，被吃掉了，就没法演出了。

当初，小郑叔叔给我讲这道题的时候，是高年级学生、我，还有好吃的。过河这事儿，让我想了快三个月。一个疑难的问题，能够让当时还是孩子的我想那么长时间，有三个原因：第一是，爸爸也不会，而小郑叔叔又经常不在二连，他还要到一连去陪另外一个孩子；第二是，二连旁边就是那条清水河，每天都看见河上有船来往，总让我联想到这道题；第三是，那时，五七干校里没有小学，我整天就是在连里东跑西跑的，没有作业可做，有的是时间让我胡思乱想。

北京师范大学是培养老师的地方，数学系学生不仅要学习数学知识，还要学习认知心理学、儿童心理学等很多心理学方面的知识。那时，我学到了一个现象，那就是“着迷”。

后来有更多的研究将其归类到上瘾机制研究的范畴了。这些研究的核心就是人对一个事物着迷的现象，尤其是在童年时期，有没有陷入一件让其着迷的事情之中。着迷的表现，就是每天都想接触这件事，别人看起来枯燥乏味，孩子自己却投入其中，乐在其中。比如，一些孩子着迷乐高积木，有的孩子还着迷火车头、拼图等。

Math 儿童心理的奥秘

着迷现象背后的大脑原理由三个环节构成：

- 第一个是吸引力，通常都是依靠视觉建立起来的；
- 第二个是好奇，通常都是从这个事物的多变性、可控多变性中建立起来的；
- 第三个是尝试，体验各种变化，主动尝试不同的组合、不同的顺序。

以上这三条，可以让孩子在相当长的时间里不厌其烦地从事那件事情。在这个长时间的过程中，大脑皮层会渐渐出现三个变化：

- 第一个，神经元之间建立了更加广泛的连接；

- 第二个，髓鞘发育加快，变粗、变长，对神经元的支撑以及“燃料”的供应更加充分；
- 第三个，大脑整体同时活跃的区域范围加大。

以上三个变化都是21世纪以来，脑神经科学研究领域的新发现。当初学习心理学时，这些都仍然是猜想，后来，都逐一被验证了。

Learned From Dad

用通俗的话来讲，着迷是开窍的前奏。开窍，就是说一个孩子一下子明白了以前困扰着他，让他不懂的事情，而一旦明白了，就瞬间明白了好多事情，并彻底弄懂了，能够推演，能够使用，能够自如结合各种不同场景的不同情况。这就是开窍。

孩子在学习数学的过程中，都有类似的情况。上课时，听课认真，老师讲的内容都懂了，也能够把公式、定理讲出来。可一到做题，却总是出错。这种现象在女孩身上经常出现。男孩的情况更多的是，要么上课不认真听讲，做作业赶时间，匆忙完成后，再也不看；要么就是，认真听讲了，可要让他自己说时，那些公式、原理、定理都说得不对，做题当然更会做错。

出现上述情况的核心原因是教学方法不符合儿童这个年龄阶段的

认知规律，没有给孩子足够的时间去加热，大脑没有时间酝酿，蚕宝宝的茧是被强行剪开的，它们还没有变成蛾呢，当然不会飞了。

在五七干校的 4 个月，让我有了足够的时间去孵化，大脑皮层在不断地酝酿，一个过河的问题缠绕了我 100 天啊，多么着迷，天天一看到清水河，脑子里就想：不会游泳，要过河，需要船，要过几次、几次……我爸爸说 3 次，我说不行，可是，我又不知道几次可以。我猜是 4 次，可是又说不出每一次的具体过程来。

谢天谢地，我爸爸不知道答案。他不是假装的，他是真的不知道。等我会了，讲给他听，第二天，他就又忘记了。爸爸不会，便正好给了我的大脑延续好奇的机会，我开始在脑中自己变化次序，改变各种过程。我现在当然知道了，在那 100 天里，我的大脑皮层发育、发展得非常快啊，那个时候，我想吃肉，也能吃肉，猪肉馅的饺子，一次吃 72 个，走路都不敢低头，怕吐出来。

当数学老师以后，我遇到过一些学生家长，他们都很有文化，甚至是高学历的，特别喜欢在家辅导自己的孩子，我一看学生交的作业，就知道这是家长辅导过的。这种辅导，都是表面上的，孩子表面上会做了，但他们对题意、原理、公式的理解仅仅是表层的，两个月后，就不记得了，或者就混淆了。

人的身体长大，需要时间。大脑的智力开窍，同样需要的是时间的积累。

Math 儿童心理的奥秘

儿童认知心理学研究指出，大脑思考一件事情有快有慢。思考得快的事情，留下的痕迹浅，除非不断重复，否则很快就会遗忘，这是遗忘曲线揭示的道理。思考得慢的事情，就是自己总在想的事情，这就启动了大脑的思索，神经元之间开始进行各种可能的连接，不断尝试多种情况、多种不同组合方式的连接。

Learned From Dad

思维就这样被打开了，尤其是题目以过河为目的，还需要考虑到回来的情况，以及避免意外的发生，要在多条件下实现过河的目的。过河这个题目最难的一个突破点，就是带过去的东西还能再带回来，为的是避免老师不在的时候，我被高年级学生欺负，或者我吃掉篮子里的东西。回来，看起来不符合过河的目的——都过去了，还回来，说不通。但这就是那个“窍”，就是这个方向性的彻底变化，只要想通了，就一下子全通了。

比如，想出题目的解法实际上并不难，难的是理解并考虑到其中的关系，就是狼吃羊，羊吃菜，这就是限定的条件。条件会成为一种约束前提，有了这个前提，在做事情的时候就不只是一心想着要达到目的，还要想到总有约束的力量存在。这样就能认识到，人在达到目的的过程中，一定会有约束条件，必须要符合约束条件才能完成任务。

> 这个收获，只有让孩子自己想这种题目想上 3 个月，才会真正明白。老师、家长讲给孩子听，孩子能够懂，却不是自己的认识。不是自己的认识，终究是会被遗忘的。

40 多年过去了。今天，当我看到日记中的只言片语时，那个时期的事情都浮现了出来。那个阶段在我大脑皮层中留下的痕迹是多么深啊。

后来，再遇到类似过河的思考题，就都难不倒我了。我在童年时期的那个阶段，遇到过的过河问题还有这三个。

【一家有 4 口人，父母带着一对儿女。他们遇到一条河，没有桥，只有一条船，这条船一次只能乘坐一个大人，或者两个孩子。全家要多少次才能够过河，并将船还给渔夫？】

【6 只猴子过河，3 只大猴子，3 只小猴子。一条船只能容纳两只猴子，任何情况下，都不能让大猴子的数量比小猴子的数量多。那么，需要在河上来回多少次，才可以完成过河的任务？】

请扫描二维码，观看详细解释。

56

扫码看视频讲解

> 3个大人与一只大猴子、两只小猴子一起赶路，遇到一条河，只有大人和大猴子会划船。这条船只能容纳两个大人，或者两只猴子，任何一个场合，猴子的数量都不能比人的数量多，可以相等，但不能多，不然大人就被猴子袭击了。那么，需要在河上来回多少次才能全部过河？

想通的过程中，有一个关键的环节，那就是画图。小郑叔叔没有回来的时候，爸爸也会带我去河边，看着船，我们一起画图，河边的地上潮湿,用树枝就能够画出来。可惜，我的日记中没有画下那时的图，不过我的脑海中至今还记得那幅图的样子，请看图 4-1。

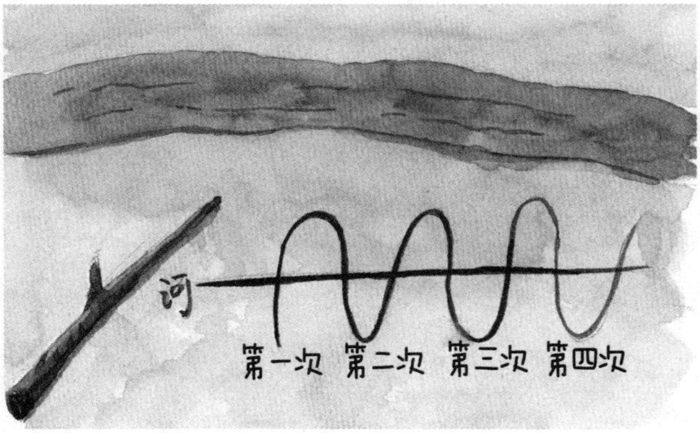

图 4–1

通过图，能够很直观地看出，不能把我和篮子同时留在一边，也不能把高年级学生与我单独留在一边。这时，就不得不想出一个办法，那就是先回去一个，也就是第二次，老师带上高年级学生过来后，再把我带回去；然后，留我一个人在那边，再带上篮子过去，把篮子留给高年级学生；最后，再回来带我一次，就完成了。

长大后，才学会一个词，叫“退一步进两步”。退回来，是为了安全，为了布局，为了统筹。

其中最重要的是图形，图形能让人一目了然，题目中蕴含的逻辑制约关系，在图上很容易看出来。这样，在想办法的时候，就只有一个思路，那就是回程。没有图形的时候，只能在脑海里想，有时候想不到这个情况，有时候想不到那个情况，顾此失彼。

画图这个方法，最先是爸爸开始用的，他先是用手指比画，之后就用树枝在地上画，画了好几个图。我看着他画的图一次又一次地数，一下子就开窍了。

我是一个触觉主导型的孩子。任何一个孩子在成长过程中，都会有一个主导的学习模式，不是触觉型，就是听觉型，或者视觉型。多数孩子依靠视觉学习，就是看老师在黑板上讲课，或者记笔记，是视觉主导的学习。

多数男孩子在 10 岁以前，都是触觉主导的，让孩子在教室里坐好，只能通过看、通过听来学习，非常别扭。所以，他们就会扭来扭去，坐不稳，其实，这都是触觉主导型的特点。

幸好这一阶段我没有上学，都是在野地里玩，这个过程充分符合了我以触觉学习为主导的特点。比如，用树枝在地上画图，就是用手拿着树枝，通过用力，把脑子里想的事情画出来，然后通过视觉去看，将图映射到大脑中，形成一个核实的过程。这个过程全面开启了大脑视、听、触三觉系统的协调。一个难题，用上三个感觉器官，就如同用到了大脑对应的三个区域来思考问题，题目也就一下子解开了，让人有种豁然开朗的感觉。那时还不会这个成语，却体会到了这个成语描述的感觉。

我自己当老师后，非常重视学生学习过程中表现出来的学习主导类型，并尝试发挥孩子自己原本最具优势的主导类型。如果是触觉型的孩子，就鼓励他在手脚乱动的时候想问题，鼓励他叠纸，或手里可以拿积木边玩边学，等等。同时，孩子自己能够协调触觉对视觉的补充，以及对听觉的加工。有关孩子学习的三种类型，请期待《数学老师教的数学》一书，里面会有详细的介绍。

一个人数学思维的酝酿过程有三个核心的特点，一是要慢，二是要用图形，三是要持续想。

第一个，没有做出来的时候，我的爸爸没有催过我，他给了我足够的时间，允许我慢。请问读者，你允许你的孩子慢一点吗？思维的发育过程，要是快了，就不牢固。知道了这一点，你还会催孩子吗？

第二个，爸爸给我画了图，我跟着模仿着画，看图的过程打开了解题的锁扣，所以思路一下子就通了。

第三个，好在我每天都能看到河，就会激发我持续地想，碰巧我爸爸也不太会做。也可能正是因为他不会做，才不催我；也正是因为他不会做，他才画图。一切都是这么巧合的安排。有时候我觉得，爸爸教给我的数学，其实拼的就是自然而然，靠时间来酿造，靠图形来发酵。大脑皮层形成的回路来自视觉、来自触觉、来自听觉。当时，我自言自语的都是："哦，我知道了，要回来一次。"

爸爸们，你允许孩子有一时想不出来的题目吗？你能够忍住不急于替孩子开启智慧的大门吗？你能够示范给孩子你的思考过程吗？你能够画图吗？你能够将解题的详细过程都画出来吗？

第四题

着迷是一种心理现象，有些人有体会，有些人却从未体会过。着迷是由心理学中的上瘾机制影响而形成的。对尚处于成长期的儿童来说，着迷能够促进：

A：思考问题的严谨性

B：遇到问题的灵活性

C：写作业的整齐性

D：对问题容易产生好奇并引发兴趣

（参考答案见本书末尾）

画图是重要的解题方法

◎儿童心理学中讲，孩子帮助父母做事，最初的想法就是尝试自己是否有能力做成这件事。如果不给孩子自己尝试的机会，那么很多事情他们都得不到机会练习。

◎有兴趣的学习与被动想学好的学习完全是两类学习方式。我能将兴趣转化为习惯、落实成具体的做法，是来自父亲的熏陶。

1975年1月9日　　星期四　　雪

小郑叔叔说，如果他是我的年龄，那么，我还要等11年才出生，让我猜他的年龄。我猜出来了，他35岁了。我现在12岁，要是11年后我再出生，还要长到12岁，那时，就过去23年了，小郑叔叔从12岁开始过23年，不就是35岁吗？我是他的年龄的时候，他就58岁了。我从12岁长到35岁，要过23年，他从35岁过23年，就是58岁了。我告诉爸爸，小郑叔叔35岁了，爸爸听不懂我说什么。

1975年1月11日　　星期六　　晴

我有一个弟弟，在北京，他5岁了。小郑叔叔说，他老家也有一对兄弟，人们碰上兄弟俩，都好奇地问：你们相差多少岁啊？这时，总是哥哥先说：我弟弟要是我的年龄，我就19岁了。弟弟听到了，就抢着说：我哥哥要是我的年龄，我才1岁呢。那么，这两个兄弟相差多少岁呢？我不会，问爸爸，爸爸也不会。

以上摘自我的日记。

我在五七干校的时间并不长，就 4 个月。每个星期，小郑叔叔都来我们所在的二连三次，其他的时间，他都在一连那边。每次过来，他都带我玩，天冷的时候，我们就坐在麦场上，靠着麦垛晒太阳。小郑叔叔不断地说些这样的题目给我听，然后，我就猜。猜不到，就只能自己想。小郑叔叔总是说，想不出来就去问爸爸。可是从日记来看，我爸爸也不会。

爸爸不会，是我能估计到的，不过我还是愿意与爸爸一起讨论。我心里更多时候不是期待爸爸能够帮我解出来，而是我能自己解出来，然后讲给爸爸听，爸爸听明白了，我心里更得意。所以，给爸爸讲那些小郑叔叔说给我听的小题目、小故事，就是想让爸爸为我高兴。

实际上，从后来的交谈中，我得到更多的是启发，尤其是那种思路上的启发。这个岁数差的题目，照样是爸爸不会的，可是，爸爸又特别想做出来，于是，他就采用他最拿手的套路——画图。这次，他画了一个图，我看着他的图一画完，立刻就知道了答案。请看图 5–1。

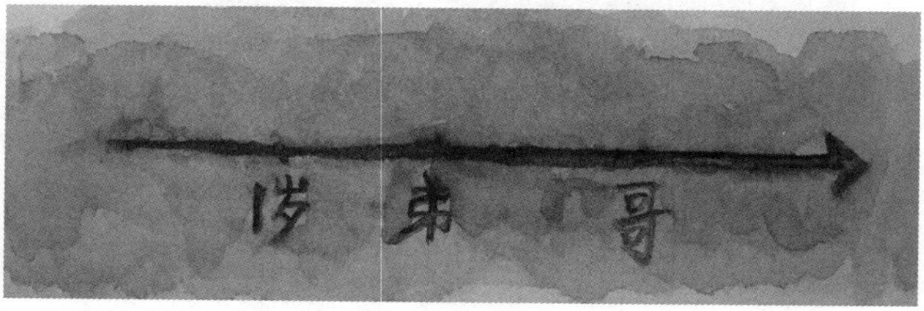

图 5–1

我一下子就看到了有三个段，每一个段都是从哥哥的年龄到弟弟的年龄之间的。然后我马上就懂了，如果哥哥向过去的方向活，弟弟也向过去的方向活，那么，弟弟就是 1 岁；如果弟弟加快活，活到哥哥的岁数时，哥哥就是 19 岁。那么，这其中的三段，应该都是一样长的，1 到 19 之间，三个一样长的段，一段就是 6 啊。哥哥与弟弟的年龄差就是 6 岁。

我看懂了，讲给爸爸听，爸爸好像也懂了。

Math 儿童心理的奥秘

儿童心理学中有不少类似的研究方向，就是孩子帮助父母做事，最初的想法就是尝试自己是不是有能力做成这件事情。比如，孩子其实最初是希望自己动手吃饭的，如果父母总是喂，不给孩子自己尝试的机会，那么，手接触食物→ 手指拿住食物→ 将食物送到嘴边→ 配合张开嘴→ 咬住食物等一系列的动作都得不到机会练习。当然，胃部的饱腹感，也就是作为动物的生命体而产生的进食快感，就不能与自己的行为结合起来，也就失去了自己尝试行动的努力。

如果这一初步的联结得到建立，孩子第二个将会发展出来的想法，就是能够做到与父母做到的一样。如果第二步也得以实现，那么大脑皮层的系列生化过程就会巩固其所作所为，并在左侧前额叶形成回路，这是大脑负责快乐以及未来规划的区域。

这一阶段的效果被大脑固化后，就进入到了第三个阶段，就是取悦与讨好，希望得到父母的正面认同，并赞许其所作所为。这时，大脑强化了得到赞许的过程。

Learned From Dad

对我来说，“赞许”就是爸爸听懂了，这比他会做，进而讲给我听，对我的帮助要大得多。这能够强化、激发、巩固我之前的思考过程，让我认识到自己的思考有效果。能够想出来，而不是被动地等着别人讲给我听，反而促进了我讲给别人听的能力。把题目讲给爸爸，与他讨论，然后我想出来后，还要再给他讲解，让他听懂。等到第二个星期小郑叔叔来了，还要讲给小郑叔叔听。

看起来，这是一个挺奇怪的情况，我爸爸不会做这些题目，却能够激发我与他探讨，原因是我的内心驱动着我要赢他。而解题思路，以及具体的画图方法，却是源自爸爸的思考方式。

> 如果兄弟俩，一个5岁，一个12岁呢？原来那道题是兄弟俩差6岁，哥哥是13岁，弟弟7岁。现在爸爸说，还有一对儿兄弟，弟弟5岁，哥哥12岁，那么，哥哥要是弟弟这个年龄的时候，弟弟应该多大呢？

今天想起这些时，让我感到更加不可思议的是，爸爸好像听懂了我的解法，然后居然问了我这么一道题。

这回轮到我晕了，不过没事，我知道爸爸的拿手套路——画图！于是我画了这么一个图，如图5-2所示。

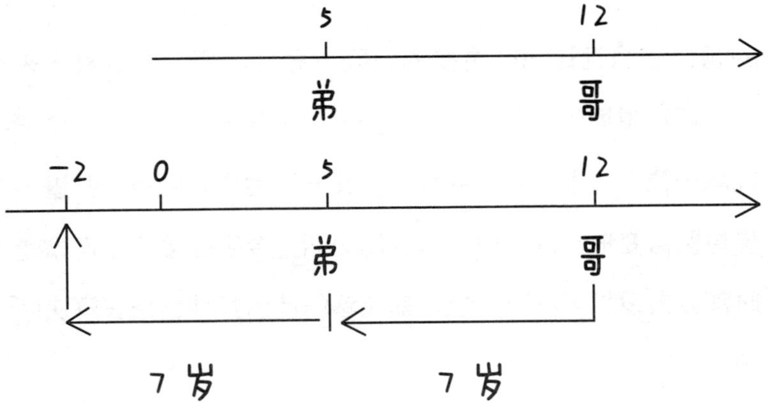

图 5–2

爸爸看了这个图，说应该是对的。然后，我问爸爸，那如果我是你现在的岁数，你多大了呢？

我 12 岁的那些时光，很多日子都是这样度过的。回忆这些往事，再结合我受过的教育，尤其是被当作老师来培养的过程中上过的那些课程，让我渐渐明白，当初我对数学的兴趣来源于长时间的想，长时间有人一起讨论，长时间尝试并能够通过努力达成目标。

Math 儿童心理的奥秘

这就是脑神经科学揭示出来的如愿、如期、如意三个阶段。这三个阶段非常扎实地巩固了大脑皮层对数学题目和需要动脑筋的事情的极大兴趣，并让我有强烈的欲望去征服这样的题目。也就让我有更多的时间去思考，哪怕题目解出来了，还是想模仿爸爸的方式，换一个数字试一试，换一个情况想一想。结果，脑海中就一遍又一遍地重复题目，并进一步将题目变形，从而使大脑更加灵活，今后在接受任何事物时都会去设想多种可能性，都能够创造出多种通路去解决问题。

Learned From Dad

我当老师后，教过上万名学生，有小学生，也有成年人，我教过的课程有数学、教育心理学，也有市场营销。见到过那么多学生，自然对学生有更多的感觉：哪些学生的学习方式比较僵化，哪些学生的头脑比较灵活，哪些是发自内心真正有兴趣的，哪些是在吃力地学习并努力听话一路紧紧跟随的，一目了然。

有兴趣的学习与被动想学好的学习完全是两类学习方式。我对数学的最初兴趣来自我的妈妈，具体可以翻看《妈妈教的数学》一书。而巩固了兴趣，并将兴趣转化为习惯，最终落实成具体的做法，比如画图，却是来自我父亲的熏陶。

兴趣的表现，就是愿意花更多的时间消磨在一件事情上。爸爸的陪伴，参与思考，以及用他的方式去想并示范给我，这些至少都让我有可模仿的样子。每次我成功地破解一道动脑筋的题目后，爸爸肯定会变化其中的数字，这就等于又变了一道题，我们俩重新一起再想一遍，这一遍就容易多了。

然后，就听到爸爸开始自言自语地嘟囔，我听到更多的是这样的话："'弟弟要是我的年龄，我就 19 岁了'，这句话的意思原来就是年龄差相等。"实际上，这句话已经点出了破解这道题的关键环节，也是最初想这道题时,想不出来的难点。头脑中难以想象出我是弟弟的年龄的时候，我的年龄的变化，以及同时间的弟弟年龄的变化，其本质就是大脑对两个数量同时变化的认识。是不是懂了？岁数的标志就是年龄，年龄是可以按照年份的数量变化的，而哥哥与弟弟之间的年龄差距是固定的，每过一年，哥哥和弟弟的年龄都变了，而差距却是不变的。

这种事后总结的习惯，也在我成年后的工作中鲜明地体现了出来，细思一下，源头还是父亲。

父亲让我有机会模仿，并通过模仿，能够如愿地解开一道题目、如愿地开窍，这当然让我高兴，而同时也就巩固了模仿到的行为。这样的行为有三个：

- 第一个，是遇到题目要画图；
- 第二个，是解开后回顾当初卡住的地方，总结心得；
- 第三个，是变化题目，演变形式，再玩一次。

现在的家庭中，更多的情况是父亲在家不带孩子。这造成孩子在成长的过程中，无论从心灵、精神上，还是智力的发育过程中，都缺乏父亲的参与。没有父亲的参与，就没有父亲的榜样可以模仿，孩子学不到更多的行为习惯。

孩子从妈妈身上可以感受到快乐、安全、兴趣，这非常好。妈妈的工作是负责孩子的身体健康，帮助孩子养成良好的卫生习惯，这更多的是琐碎的事情；然而，孩子从妈妈身上是看不到，更无法模仿到诸如冷静、沉着、理性、方法、套路、做法、回顾等这些智慧元素的核心活跃因子的。

> 人的智慧由阴阳两套系统交织互动而成。一套就是感性系统，属阴，发端于右脑；一套是理性系统，属阳，发端于左脑。一套是妈妈擅长培养的；而另一套，只有爸爸来操作更合适。

我知道我的爸爸小学都没有上完就出外谋生，补贴家里的生活，他不到 16 岁就参军了，文化程度并不高。可是，他没有间断过学习，自己学会了拉手风琴，后来又到中央音乐学院进修乐曲创作，自己学会了简谱，到了 40 多岁，又开始攻克五线谱。爸爸是一生求学的，80 岁的人了，还会去学习互联网，懂得在网上购物、交友、聊天。这些其实都源自人生始发的动力，那就是要满足已经开发好了的、动力强大的大脑。大脑要消化更多的信息，尤其是知识，有些是文化，有些是习俗，有些是常识。

就如同孩子小的时候，吃大米或者面食，吃得多，撑大了胃，这一生便都是大食量。小的时候，如果让孩子的大脑不断地思考，不断地从中获得快乐，他的脑容量也就不断随之加大；那么日后，他必然就习惯于主动去思考事情。在这样的锻炼之下，他加工信息的速度就会快，而且能够同时处理的信息量也大。

父亲的作用非常大，尤其是在孩子9岁以后，这时，来自妈妈的温情和安全感都已经建立了，恰好是需要扩展更多学习技能、养成良好学习习惯的时候。

就恰好是这个时候，爸爸带我来了五七干校，没有学校可上，每天玩，也就玩出来了。我习得了来自父亲的优良习惯，不少技能都是从他具体做事情中看到、听到，进而自己模仿着学会的。骑自行车、游泳都是在五七干校学会的。生存的技能体现在行为上，而思考的能力，则体现在脑海中折腾的这些年龄问题上。那时，小郑叔叔还给我出了如下类似的题目，都是有关岁数的：

1. 你出生的时候，我的年龄就是你现在的年龄。你现在 22 岁了，我多大?
2. 5 年前，小明的年龄是 8 年后他年龄的一半。小明现在多大了?
3. 10 年后，小红的年龄是她现在的 3 倍。小红现在多大了?
4. 小强的年龄是小冰的两倍，小冰比小东大 5 岁，5 年后，小强就是小红年龄的 3 倍。小强现在多大了?

……

把每道题都解出正确的答案并不重要，重要的是推动孩子思维能力的发展，而不是求出最终答案上。

即使父母会做，也要尽量克制自己想让孩子尽快知道正确答案的冲动，同时要克制让孩子知道你已经会了的冲动。如果孩子知道你已经会了，那当然希望你直接讲给他听，这是捷径，是省事的方式，任何人、任何正常的大脑都喜欢省事。只有眼前没路，也没人知道路在哪里时，人才会启动自己的大脑去尝试寻找路。

如果父母不会做，就要强烈克制自己表现出来想放弃的想法。你可以明确地让孩子知道你不会做，同时要让孩子知道，你没有放弃，你仍然在尝试不同的方法，仍然在努力，在做题、在思考，也就是还在想。要画图，要用纸、用笔，要沉思。这些要让孩子看到。

遇到类似动脑筋的题目时，家长要观察孩子是不是有兴趣，是不是愿意思考，思考不出来时，多长时间会放弃。

这时，父母可以做的事情是：让孩子讲给自己听，表示出强烈想要参与的样子（A）；讲的过程中，自己边听边核实听到的内容，边在纸上记录要点（B）。

然后，自己在纸上记录关键词汇，在数量信息之间进行连线，表示你在思考（C）；同时，要自言自语地将自己的思考过程表示出来（D），但不要让孩子觉得你是讲给他听的，而是要让孩子觉得，那是你自己一边想一边自言自语的自然动作（E）。

尽量不要做出来，你可以在自言自语大约 5 分钟左右后，只要孩子还有兴趣，就继续；要是观察到孩子不在听了，也不看你的纸了，就放弃。等到当天晚一些时候，再拿出这张纸，继续回顾。这一次，你可以尝试说出正确的答案（F），看孩子是否能够跟上你的思路。

以上父母的这些动作，才是真正牵引孩子走上思考的数学小路的做法，每个做法都有科学的依据。

A：让孩子讲给父母听，实际目的是让孩子将自己的思路进行梳理，尤其是对题目的原意进行梳理。

B：自己学习做笔记的过程，这是示范，孩子将来也能够得到启发，会主动模仿你的行为，这就是在熏陶正确的学习方法。

C：示范正确的思考方式，在纸上连接、尝试、强化重点词汇等动作，都会让孩子得到熏陶，有一天，他们能够学会，并将其运用到自己的解题过程中。

D：自言自语，其实是展示思路。孩子要是知道是讲给他听的，心里就会有负担，就要扮演听懂的样子。而父母自言自语，孩子就没有了要表现听懂的负担，就能最大化地吸收父母自言自语过程中的关键信息。

E：自然动作，才是真实的，也才是孩子愿意模仿的。所有主动去教的动作，如果孩子看不到大人做，他就会认为，那仅是对我的要求，也就懒得自己去做。

F：不能表现出自己知道正确答案，而是尝试说出正确答案，这样做的目的是继续推动孩子去思考。如果孩子先确认了这就是答案，他会非常高兴，这也是对孩子的真正激励，是孩子自己内心的激励。不要剥夺孩子自己尝试的快乐。

以上题目，如果你仍然在尝试，并想了解详细的讲解方式及做题方法，请扫描二维码。

76

扫码看视频讲解

第五题

好图胜过千言万语，通过图形来表示事物间的关系，就能让人通过眼睛、凭借视觉系统加深对事物的理解。爸爸鼓励我画图，并积极参与我的画图行为，自己也尝试去画，这影响了我：

A：能够在脑海中形成图形，做题更快

B：能够透彻理解应用题，正确解题

C：遇到难题的时候反应更快，靠记忆力

D：遇到难题的时候用画图这个做法来解决

（参考答案见本书末尾）

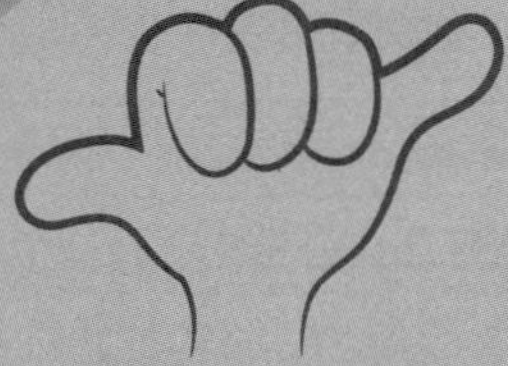

天平两端的数学

◎认知科学强调，亲身的实践会映射到大脑，并上升为脑力劳动，就不用再通过触摸和视觉认知，直接在脑海中进行加工了。

◎本质上，这些题目与桶没有关系，与砝码没有关系，与货币没有关系，都是数字之间的匹配，等式两边的平衡，加减乘除的调整而已。

1974年10月23日　　星期四　　晴

爸爸今天配了3公斤的猪食，给好几只公猪吃。有两个桶，一个是能够配8公斤的，一个是能配5公斤的。爸爸把猪食从大桶倒到小桶里，大桶里剩下的就是3公斤的。

1974年10月26日　　星期天　　晴

小郑叔叔又来了，他说，有一个5公斤的瓶子，还有一个3公斤的瓶子，让我想办法配出1公斤的水来。先倒满小瓶子的3公斤的水，然后倒入5公斤的瓶子，再倒满小瓶子，把小瓶子里的水倒入大瓶子，直到倒不进了，剩在小瓶子里的水就是1公斤。

以上摘自我的日记。

当年的日记写得很少，一篇只有几十个字，却能让我想起当时的很多情况。比如，小郑叔叔还让我配出 4 公斤的水，我也配出来了，然后他就带我去了连里的医务室，那里有一个天平，是用来称量药剂的。小郑叔叔找出来两个砝码，一个 3 克，一个 5 克，我们玩了一下午，把医务室里的药都称了一遍。如今留在我脑海中挥之不去的就是用多种重量配比的方式，将所有药丸、药片都测量出来了。后来，小郑叔叔把 3 克的砝码收了起来，拿出了一个 7 克的。于是我手里就有一个 5 克的砝码和一个 7 克的砝码。

可惜，我与爸爸在河南五七干校的时间只有 4 个月。在后来的日记中，没有找到更多药房称重的事情了，仅有一次提到小郑叔叔给了我一把药房的钥匙，我可以自己去那里玩。结果我找到很多砝码，都是 5 克和 7 克的，再也没有找到 3 克的。

我凭借脑海中模糊不清的残缺片段，将称重的整个过程回顾了一下，记忆最深的还是留在大脑深处的那些计算过程以及天平两边的配重方式。

比如，将 5 克和 7 克的砝码放到一边，让天平平衡，另外一边的药丸就是 12 克。如果一边放 7 克砝码，另外一边放 5 克砝码再加 2 颗药丸能够让天平平衡，那么，那 5 颗药丸就是 2 克重。如果一边是两个 5 克的砝码，一边是 7 克砝码加上药丸，那么药丸就是 3 克重。如图 6-1 所示。

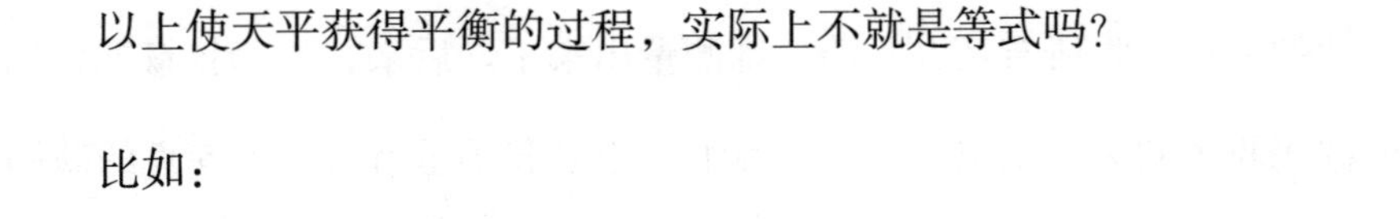

图 6–1

以上使天平获得平衡的过程，实际上不就是等式吗？

比如：

- 5+7=12（左边是两个砝码，右边就是药丸的分量。）
- 5+2=7（左边是 5 克的砝码和 2 克重的药丸，右边是 7 克的砝码。）
- 7+3=5+5（左边是 7 克的砝码和 3 克重的药丸，右边是两个 5 克的砝码。）

● 4+5+5=7+7（左边是 4 克重的药丸和两个 5 克的砝码，右边是两个 7 克的砝码。）

像这样不断地玩，看起来玩的是天平，实际上是通过不断地配比和调试让天平平衡，从而在脑海中建立等式。等式是一个抽象的数学概念，这个概念最初就来自天平。天平是用来称重的，一边是已知的标准重量，在这里就是砝码，5 克或 7 克，而另外一边则是需要测量的物体的重量。通过添加不同分量的砝码，来算出物体的重量。用手调试天平就是在脑海中建立等式。我后来看到数学等式的时候，一下子就想到天平，因为玩的时间足够多，多到不用眼睛看，仅凭在脑海中想，那些场景都能活灵活现地重现出来，以至于当我碰到如下题目时，与其他没有玩过天平配比的孩子表现都不一样：

$$7 + ? = 16$$

没有玩过用天平配比重量的孩子需要一个逆向的思维，他们已经习惯了两个数相加等于一个结果，而现在是知道一个结果，要求算出其中一个数，就是要让思维在中间停一下。对于玩过太多用天平配比重量的我来说，这个题目小菜一碟，跟配比天平是一样的：有一个 7 克的砝码，还有一个 16 克的重物，要让天平平衡，就需要一个 9 克的砝码或重物。不但如此，我还能够灵活自如地写出无数个变化多样的等式来，这对我来说，不过就是配比了无数次天平而已，如图 6-2 所示。

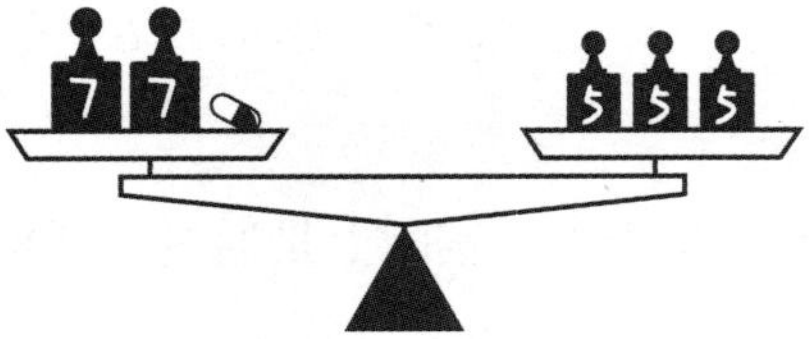

$1 + 7 + 7 = 5 + 5 + 5$

图 6–2

这样，我就能够用 7 克和 5 克的砝码配比出 1 克重的药丸了。等式是：

$$1 + 2 \times 7 = 3 \times 5$$

如果医生开出来的药方需要配比 1 克、2 克、3 克、4 克以及任意克数的药丸，仅靠手里现有的 5 克和 7 克的砝码就全都可以配比出来。如图 6–3 所示。

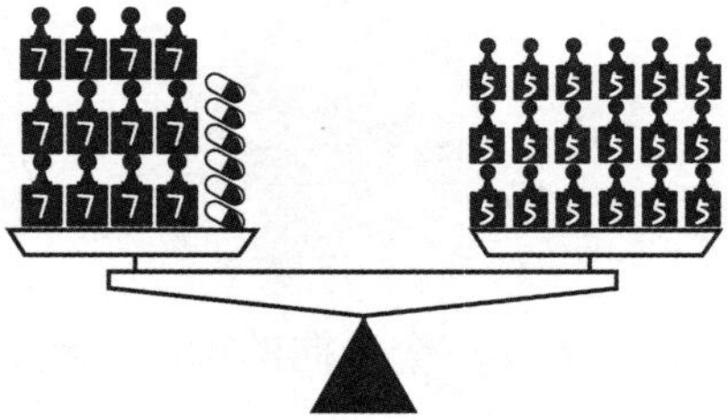

$6 + 12 \times 7 = 18 \times 5$

图 6–3

这样就有 6 克的药丸了。

爸爸带我在五七干校一共待了 4 个月，这 4 个月里，靠着两颗砝码我就玩尽了各种药片、药粉、药丸的重量配比。最后，不用进医务室，我在脑海中就开始不由自主地想：如果手里的砝码是 8 克和 21 克的，我怎么配出 1 克的药呢？答案是：

$$1 + 3 \times 21 = 8 \times 8$$

如今，年过 50 的我再回忆起 40 年前的事情，那些场景虽然不能连贯起来，可是那些计算过的等式仍然历历在目：那个天平、那两个小砝码，还有那些写在报纸空白处的等式。

Math 儿童心理的奥秘

我的母校北京师范大学是培养教师的地方，我毕业于数学系。在那里，我不仅要学习数学，还要学习儿童认知心理学，这让我了解了儿童学习数学的不同阶段，以及掌握数学知识的思维过程，让我知道不是老师讲一遍，然后让学生做些同类的习题，就算是教育了！教育是要开启学生的大脑，让学生学会思考，学会使用大脑的理解力、创造力，而不仅是记忆力和模仿能力。

孩子大脑中的镜像神经元群组让他们有能力模仿看到的面部表情和肢体动作，也能够模仿看到的字词和等式，在记忆力的辅助下，他们也能够模仿变化细微的做题过程。然而，模仿不是学会，而仅仅是机械地重复，是简单劳动的过程。

Learned From Dad

配比不同克重的药、不同重量的水，确实都需要身体行为的参与，有具体的肢体动作，需要耗费能量。但在这一过程中，人会思考，配比 2 克与 17 克的重物，虽然身体动作上是相同的，但在脑力动作上却是完全不同的。这个过程就是认知心理学上讲的，从触觉到视觉都参与了知觉意识，然后意识开始形成，形成的意识经过整理，得出一个途径来解决眼前的问题。于是思考出现了，形成了思维，并将其刻录下来，变成永久的思维方式。由此还派生出更多的意识，都是大脑加工的结果。

比如，天平的使用过程加工出等式，不断地在两边进行配比，就逐渐形成一个认识：等式不是只能从左边到右边这一个方向，也可以从右边到左边，是双方向的。一边增加，另外一边也要增加同样的重量，天平才能平衡；反过来也是对的，天平平衡，两边的重量一定相等。

以上这些内容，小学三至五年级的许多数学题都会涉及。数学教育不能仅让孩子记住纸上的公式操作，还应该让他们结合自己动手参与的活动，通过活动，能够自己将其联系到实际中。这样，书本中、纸上的等式、加减乘除等，就都是活生生的了，而不是做题、做题再做题。

刷题仅能培养出应对试题的自动反应，却完全没有结合现实生活中的实际运用。

我的爸爸并不是教育方面的行家里手，作为一名军人，他很现实。

听到炮弹在空中飞行的呼啸声，他本能的反应不是回忆起教官在课堂上讲的方向、速度、爆炸点的计算，而是趴到地上找掩体，再看，听呼啸声的痕迹。

爸爸从来没有检查过我的数学作业，大多数都是由我妈妈检查的。妈妈检查后，也不会直接给我讲做错的题，而是从生活中的其他地方入手讲故事，或者让我参与一件事情，比如掰扁豆，然后在做事的过程中让我清点，让我动脑，详情参考《妈妈教的数学》。这时，爸爸总是在一边说，老师的题不会做，没事，家里的事情要弄清楚。长大以后，就没有那么多题目做了，有的却是生活的挑战。多么实用的出发点，这是一种思考习惯。

爸爸没有具体教过我什么，我看到的都是他的行为，听到的都是他讲的道理。他自己的数学，论成绩并不怎么行。家里的财务账都是妈妈算的。有一次，他谱写的乐曲需要计算时长，还是妈妈在旁边计时，然后告诉他结果。

用 8 公斤和 5 公斤的桶配出 3 公斤的水，配出 2 公斤的水，配出 1 公斤的水，配出 4 公斤的水，配出 6 公斤的水，配出任意公斤的水。

手里只有 2 元和 5 元的钱，要配出 13 元，怎么配？配出 19 元，怎么配？

这些类似的题目，都要靠背后的思维灵活性来支撑。

认知科学中强调，亲身的实践会映射到大脑，并上升为脑力劳动，就不用再通过触摸和视觉认知，直接在脑海中进行加工了。本质上，这些题目与桶没有关系，与砝码没有关系，与货币没有关系，都是数字之间的匹配，等式两边的权衡，加减乘除的调整而已。

我当数学老师后，开过小学数学竞赛辅导班，那是在 1985 年。那时，我从挑选出的学生中发现了一个数学潜质的表现：发呆超过 10 分钟，就是潜质。能够聚焦一件事情想很久，说明三个大脑中的情况：

- 第一，神经元可以被控制调用在一个焦点上；
- 第二，具备抽象加工事物的感觉了；
- 第三，尝试形成一个规律性的认识。

通过我的日记，我看到自己小时候就有这种情况。发呆、犯傻或者问出愚蠢的问题来，能够问出来的，都是自己想了一段时间的，还有很多没有想出来的，比如低烧是不是低于正常体温。

爸爸带我到五七干校，接触到了小郑叔叔，让我有了机会玩，有了足够的时间发呆，坐在河边，坐在天平旁，还有看爸爸配猪食的过程，看爸爸烧锅炉的过程，以及爸爸教我设下陷阱，框住麻雀的过程，都来自爸爸的行为示范。不急、放慢速度，可以慢慢想，而不是匆匆做。一个问题可以想上一个月，而不是让小郑叔叔立刻给我讲解明白，立刻讲清答案。

这个题目是刚到五七干校的时候，小郑叔叔出的，等我玩会了天平，这道题就简单多了。不过就是两个砝码，一个 7 克，一个 9 克，如何配比出 10 克的问题；或者从 1 克开始，配比一个 4 克的问题，只不过是通过前后跳跃多次来完成而已。详细解答，请扫二维码。

一只兔子，向前跳，一次可以跳 9 段；向后跳，一次可以跳 7 段。那么，通过前后跳，能否跳到从现在的地方开始到前面 10 段的位置？那里有胡萝卜。或者，从第 1 段的位置开始跳，怎么能够跳到第 4 段的位置？那里也有胡萝卜。

89

扫码看视频讲解

存疑是父亲教给我的一个重要的思维能力。学数学的本质目的就是训练思维能力，思维能力可用于任何方面。

本质上讲，语文的学习也可以提高孩子的思维能力，但通过数学来培养要方便一些，而且能够比较直接地形成严密的思维过程。好奇、兴趣、热爱都是妈妈调配出来附着在我的思维基因上的，而存疑、执着、追问就是爸爸教给我的。**同样都是在大脑中形成的一种思维习惯，爸爸给的这些对我的影响更加长久，妈妈对我是初始阶段的影响，就好比妈**

妈让我喜欢上跑步，并让我从起跑线上出发了，而且还是很高兴地出发的，而爸爸却让我在路途中增加了能量，长出了翅膀，形成了思维。

倒水、天平配重、钱数配比等，从思维上延伸出来的是等式，这些都是我在 10 岁的阶段就能自己写出来的，比如下面的算式：

- 1=3×5−2×7（1 写在左边的意思是，要配比 1 克的药，右边是 3 个 5 克的砝码，2 个 7 克的砝码，用减法的意思是，5 克与 7 克不在一边。）
- 2=7−5
- 3=2×5−7

最后得到的结果是，任意一个重量的要求，比如 K 克，用 5 克和 7 克的砝码来配，肯定就是：K= 多少个 5 与多少个 7 之间的加或者减。进一步表达出来就是：

$K=5m+7n$（m 和 n 都有可能是负数，用来表示不在一边。）

我在教数学竞赛班的过程中发现，孩子不会处理应用题的一个思维障碍就是找不到平衡点。用数学老师的话说，就是不会建立等式。

请看下题。

> 小红走路回家，每分钟走 30 米，到家需要走 20 分钟。妈妈走路快，每分钟走 60 米，要走多长时间？

这道题对学生来说有三种解法：

第一种，就是通过小红走路的速度以及时间，计算出路程的距离，然后用路程与妈妈走路的速度进行计算，就知道妈妈要走多长时间了。

第二种，考虑到妈妈走路的速度是小红的两倍，那么能节省一半时间，也就是 10 分钟。不需要计算路程的距离。

第三种，距离是不变的，那么小红走路的速度以及时间相乘直接等于妈妈的走路时间与速度的乘积。这样就建立了一个等式。

这三种方法中，第二种是聪明的方法，能够立刻反应出这种方法的孩子，等到上小学六年级和初一以后，数学学习会显得疲劳，难以跟上。数学老师之间常把这样的孩子叫要小聪明，就是抄小路、走捷径、思维跳跃。可惜的是，很多大人，包括很多父母和老师，经常表现出对这种思考方式的欣赏，表扬这么做的孩子。但从智力发育的过程来看，这种跳跃的思维难以形成扎实的学问基础。更多对学生解题思路的点评，请期待《数学老师教的数学》。

第一种方法是老实的方法，非常好。但如果做得太过熟练，到初一需要过渡到代数范畴的时候，这样的孩子就难以接受代数的含义，思想上总是要先找出一个明确的阶段结果，再依据这个阶段结果做下一个阶段的问题，局限、拘泥、狭隘，限制了思维的扩展范围。

只有第三种，才是潜力好的学生的一种智力表现。

第一，不能大量地刷题。刷题让学生的思维方式固化为一个模式，如果是小学三年级的模式，就是三年级的模式了。三年级的模式仅仅是用来过渡的，不能为一生所用。比如前面的第一种解法，这类题不能刷得太多。

第二，一旦这类题会做了，就要铺垫等式建立的概念。找到一段话中隐含的没有改变的东西，就是建立等式的基础。很多孩子在学习方程的初期都被框在了小学四年级应用题的解题思路上，觉得一个阶段的答案出不来，甚至连解题阶段都分不出来，题目就完全无从下手了。原因就是刷题太多，依靠记忆和模仿，失去了理解力。

第三，强化语言理解。语言的理解来自生活中场景的对话、场景的融入。

这第三点的重要性，是在我当老师的过程中，通过学生的表现认识到的，通过我的父母，我也认识到了这一方面的意义。我的父母用尽心思培养我写日记的习惯，让我开始对文字较真、对词汇较劲，对一句话中词汇次序的比较，这些都让我在理解应用题的时候更加准确，能够看出一行文字中的隐藏意思，就是等式建立，等号两边数量不变化。

爸爸强调的数学思维，就是存疑，缓慢思考，不放弃，每天都想，直到想来想去，想出脑海中的虚构场景，好像爸爸的任务就完成了。

第六题

在今天的网络世界，人们根本不思考，要么是到网上找答案，要么张口就问朋友圈。这是缺乏存疑训练、不具备存疑能力的表现。存疑这个能力的意思是：

A：能够将难题写下来

B：不断地想要解答出难题

C：能够在长时间内随时都能想到这个题目

D：能够长期记住解题过程

（参考答案见本书末尾）

井字游戏玩转加减乘除

◎游戏中的对手就是大脑思考的一个阻力，或者思路发展的一个障碍。能够克服障碍，大脑就能获得更多的快乐，分泌多巴胺，激活大脑皮层更多的活动，然后渐渐出现上瘾的状态。

◎数学，真的不都是教室里教的那个样子，不都是课堂上老师讲的知识、公式。数学，是在生活中琢磨数字的一件好玩的事。

1974年11月2日　　星期六　　晴

小郑叔叔与我玩井字棋，三连线就赢了。我找到窍门了，还是赢不了。

以上摘自我的日记。

（写这一篇时，我还是一个11岁的学生，当时与爸爸在河南五七干校。）

今天，翻阅我以前的日记，最悔恨的就是写得字数太少。当时应该多写一点前后的过程。不然，40多年过去了，就凭这么一行字，前后的情景怎么能够回忆出来呢？而前后的情景又是多么重要啊！

1986年11月8日　　星期六　　阴

班里有17个学生没有玩过井字游戏。玩过的学生有的也表现得生疏了，并不是经常玩。第一个挑战，先走还是后走赢的可能性大。第二个挑战，玩过几次后才懂得，不输是第一目标。第三个挑战，找到先走后走的关键点需要输几次。通过整整一节课的游戏，孩子们的收获是：把追求赢的心收回来，这时，就能够体会到揣摩对方意图时的内在较量感。这个训练，将能大幅度降低孩子疏忽出错的可能性。

以上摘自我的日记。

（写这一篇时，我已经是数学老师了，当时组建了一个小学数学竞赛班。）

在我47年的日记中，一共只找到两篇有关井字游戏的日记，中间隔了12年。第一次出现写的是井字棋；第二次出现比较严谨，写的是井字游戏。

井字游戏是我小时候学会的，就是在五七干校的时候。当时看到大家等车时，蹲在地上用树枝画来画去地玩，我看大家玩，自己也就会了。

印象中，我没有赢过。后来学了儿童心理学之后才明白，这个游戏争的不是输赢，而是为了理解攻防转换的，每一次选择不是进攻，就是不得不防守。每一次都要判断是不得不防守，还是可以自由进攻，迫使对方防守。

这样的训练会影响以后遇到事情时的反应能力，尤其是做题时的反应，可以同时兼顾多个因素，也就是多层次同时思考。当人在游戏中时，思维单一，只想着赢，也就暴露了薄弱的地方，反而更加容易输。

学生做题的时候，如果被单一思维控制住了，只想着会做还是不会做，就不会去想做的过程中会有不止一个方法、不止一种条件。要有攻防的意识：老师出这个题，在考我什么呢？

井字游戏是两个人玩的，如图 7–1 所示，就是简单的井字，每人一次填入自己的符号。如图 7–2 所示，一个人用圆圈表示自己一方，另外一个人用十叉表示自己一方。一人一次，先画的人叫先手，后画的人叫后手。如图 7–3 所示，标注 3 的位置就是后手必须要画的位置，如果不画在这里，先手画了，就形成三个格子的连线，先手就赢了。那么，后手现在就要在 3 的位置画叉，如图 7–4 所示，先手面临的是 4 的位置，如果不占这个位置，后手占到，就连成线，也就是赢了，于是，这一步也是防守，是先手的防守。

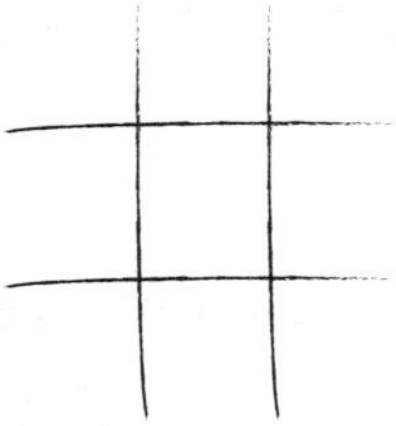

图 7-1

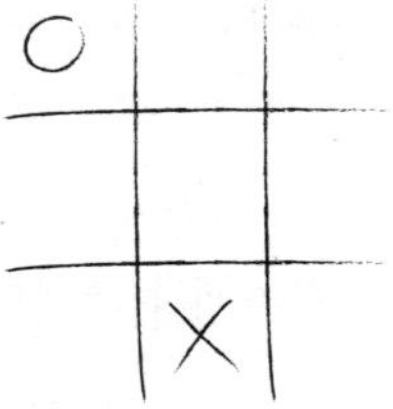

图 7-2

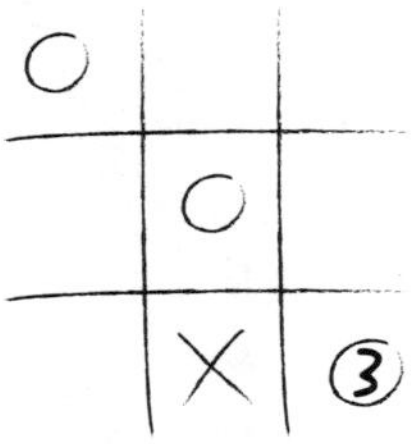

图 7-3

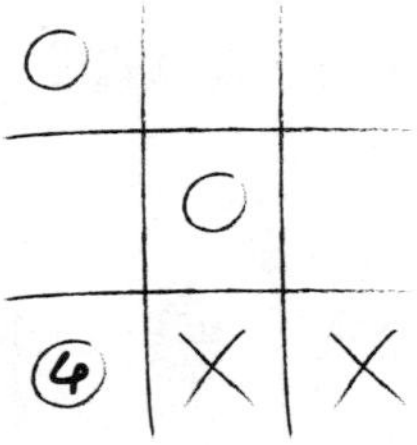

图 7-4

井字游戏不难，但对 10 岁以下的孩子来说，却不简单。我在组织小学数学竞赛训练班的时候才发现，通过接触和练习这个游戏，在玩的过程中，孩子的思维表现是不同的。

- 第一，玩多少次才能够知道，确保自己不输才是重要的策略，而不是一味追求赢；一味追求赢，就是输的序曲了。
- 第二，玩多少次才能够知道，先手第一笔画的位置应该在哪里，以及后手的关键位置在哪里。
- 第三，都熟悉了，是不是还愿意主动找不熟悉的人玩。

通过观察以上三个行为，能够找到潜力很好的学生。喜欢玩，愿意玩，就可以开始接触另外一个游戏了，那就是 15 制胜。这个游戏也是在五七干校时，有一次我跟小郑叔叔在周口长途汽车站等车时，看别人玩的，后来小郑叔叔就常与我玩。我是在一年后才明白了这个游戏的核心。

请看图 7–5，有 9 张扑克牌，其中 A 当作 1 用。9 张牌明面，放在两人中间，先手任选一张，就算自己的了，后手在剩余的牌里任选一张，算自己的。然后，先手继续，后手再继续，只要一个人能从手里的牌中找出相加等于 15 的，就算赢了。

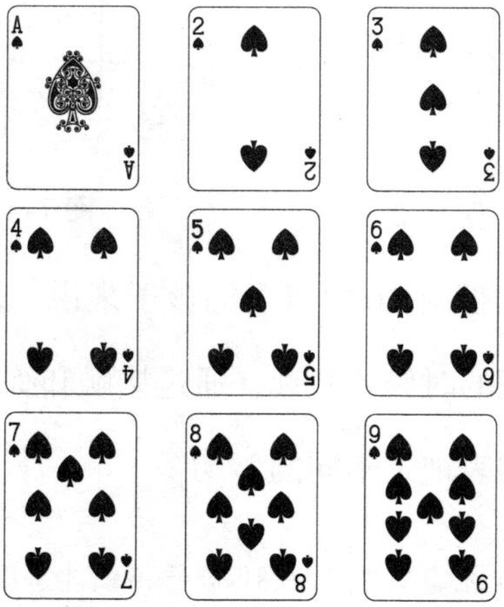

图 7–5

好，你可以开始玩了。每次轮到自己时，对方数数儿 10 下，就要挑牌了，不能长时间想。

你能赢吗？请见表 7–1。

表 7–1　15 制胜

	第一次	第二次	第三次	第四次		
我	8	5	6	1	8+6+1=15	✓
你	7	2	4	?		

从 11 岁开始，我玩这个游戏玩了很久，见到人就玩，因为几乎没有输过，赢的时候多，其次就是平局。这个游戏玩了一年后，我彻底熟悉了加法，脑子里所有的数都整齐划一，要两个有两个的和，要三个有三个的和，都能够凑成 15。就这样，我结交了很多“数字好朋友”。

对孩子来说，什么是好朋友？熟悉！我的好朋友就是这些数字。而且不同的数字在一起，随便都能够快速凑出 15 来，凑出 15 的这些数字，它们之间也是好朋友。一旦数字都是我的好朋友，它们之间也是好朋友，你说，我能不喜欢数学吗？

一年后，这张图彻底改变了我，我才明白，15 制胜法的攻略尽在图中，请看图 7–6。

8	1	6
3	5	7
4	9	2

图 7–6

这张图共三行，每行数字的和都是 15，验证一下吧。三列数字的和，也是 15。不信，自己算啊。两条斜线的三个格子里的数相加，还是 15。发现什么了？

15 制胜，就是井字游戏。可惜的是，玩 15 制胜的时候，难以防守，而玩井字游戏的时候，依靠视觉，容易判断攻防的位置。这两个游戏本质上是一样的，如果自己看着井字格中的数字再与人玩 15 制胜，就方便很多了，只要拿到任意一行的三个数字，或者任意一列的三个数字，或者两条斜线的三个数字，都能够赢。而对方没有这个图的时候，选择数字就完全没有头绪。

这就如同两个军队打仗，一个军队手里有地形图，可以看着图指挥布局，另外一个军队看不到任何图，只能通过数字选择自己的位置。依靠的信息不同、工具不同，当然，赢就偏向手里有图的人了。

现在，你尝试看着图与别人玩 15 制胜，对方不能看图，体验一下自己的决策思路。当对方也想看你手里的图时，你们就又一样了，结果就是井字游戏的情况，多数情况下没有输赢，都是僵持。

如果我手里没有图，但是这个图在我脑海中呢？这时，我就有了另外一个优势，那就是手里不拿图，这样，对手就不知道我在运用特殊的工具。实际上这个工具图已经在我脑海里了，根本不需要用眼睛看着，照样可以按照图中数字的位置来选择。

能够取得游戏的优势并经常赢得游戏，这是让孩子爱上游戏的心理动机。人人都爱赢，可以通过体力赢，比如打乒乓球，也可以通过脑力赢，比如下棋。当我能够经常性地赢得 15 制胜游戏时，当然就会总想找人一起玩。结果到最后，几乎没人愿意跟我一起玩了，只有爸爸一直陪我玩，虽然我老是赢他，可他也没有什么怨言，我自己就觉得没劲了。不过脑海中的那个快乐动机还想寻求满足，于是，就渐渐转向了更多的格子。

Math 儿童心理的奥秘

根据美国加州大学教育学院 1997 年的一个研究报告，从教育心理学上讲，我是学到了智慧形成的动力，那就是满足感。当孩子喜欢上下棋后，一开始是过程带来快乐，只要玩，就高兴。后来渐渐地发现，对抗游戏中有输赢，而赢，不过就是自己大脑追求的目的实现了。最初的目的是只要玩就行，后来目的渐渐延伸了，大脑想赢。赢，就是按照自己的意图，能够逐步布局，从而达到目的。

比如井字游戏的三连线，或者 15 制胜的加总和为 15。游戏中的对手就是大脑思考的一个阻力，或者思路发展的一个障碍。能够克服障碍，大脑就能获得更多的快乐，分泌多巴胺，激活大脑皮层更多的活动，然后渐渐出现上瘾的状态。

Learned From Dad

其中，爸爸的作用不能忽视，他总是陪我玩，他不是让我，他是真不会，他脑海中没有图。我赢的时候，他总是好奇地问我，怎么你选出来的数儿都能够凑成 15 呢？最有意思的是，他与我玩井字游戏，谁都赢不了，所以我就知道他不是让我的。而我提议玩 15 制胜，他就赢不了，都是我赢了。

这中间，爸爸的作用有三个：

第一，让孩子有一个玩伴，让他获得一种心理安全，就是只要想玩，爸爸肯定会答应我，我心里有数。

第二，提供快乐，当他尽力了，却还是输了的时候，我得到了快乐，也渐渐学会输了以后应该深思。他总是隔上两天还来问我之前玩的过程中，我为什么选 8 之类的问题。他一直都在回顾，这也就影响了我，让我懂得输不是世界末日，而是提升的开始。

第三，爸爸带给了我一种氛围，小郑叔叔是他的同事，我们都在五七干校，在那个时代、那个环境下，父亲和同事间的氛围影响了我，让我有了更多时间思考，尤其是思考这些思维游戏。爸爸从来没有督促过我做题，也从来不拒绝和我一起琢磨小郑叔叔出的思考题。

当我尝试与爸爸玩扩大了的井字游戏时，爸爸也没有拒绝我，而是与我一起探讨。你也可以尝试一下。你玩过这个井字游戏吗？如图 7–7 所示。

1	15	14	4
12	6	7	9
8	10	11	5
13	3	2	16

图 7–7

这个扩大版的井字游戏，把我的思路引向了 16 个格子的数字图，让我的思维如流水一般顺畅。你应该能想到，这个游戏可以叫 34 制胜。任意行的 4 个数字之和，都是 34；任意列的数字之和，也是 34；当然，两条对角线上的 4 个数字之和，也是 34。

用足够多的时间去观察，你一定能够发现，还有其他相加后也是 34 的位置，那就是左上角 4 个格子中的数字。那右上角的 4 个格子呢？左下角的 4 个格子呢？右下角的 4 个格子呢？

数学，真的不都是教室里老师教的那个样子，不都是课堂上老师讲的知识、公式。例子才是数学，而不仅是做题。数学，是在生活中琢磨数字的一个好玩的事情。

对孩子来说，你给他们的是教室里的样子，那就是他们以为的数学了，枯燥、无趣、晦涩、无聊。如果是爸爸给的呢？如果是小郑叔叔带我玩的这些呢？如果是长途汽车站等车的那些人们打发时间玩的游戏呢？

如果是这样的加法呢？如图 7–8 所示。

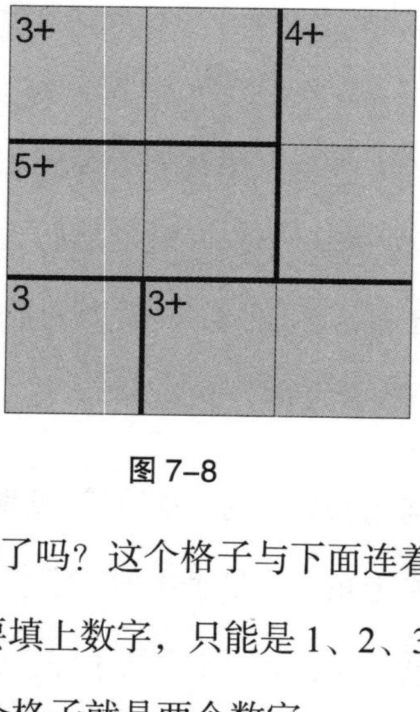

图 7–8

看到 4+ 的那个格子了吗？这个格子与下面连着的格子一起被粗线区分开了，两个格子里要填上数字，只能是 1、2、3 中的一个，一个格子中填入一个数字，两个格子就是两个数字，这两个数字的和是 4。你会从 1、2、3 中找出哪两个数字填进去呢？具体玩法，请扫二维码看视频讲解。

扫码看视频讲解

同样，那个有 5+ 符号的格子，与旁边连着的格子也被粗线分开了，填入这两个格子的数字之和必须是 5。你会选择1、2、3中的哪两个数字填进去呢?

另外，要求每行的三个数字都只能是1、2、3，而且不能重复填写，比如1、1、3不行。每列也是同样的要求，1、2、3都要用上，但不能重复。

说明已经足够详细了，你可以尝试填写一下，9个格子中，都要填上数字。我给这个游戏起了个名字，叫“算吧！”，意思就是，有条件，有规则，自己去算吧。

这样做加法可比做10道学校的加法题好玩多了。从思维上讲，这个游戏能够让学生的大脑变得灵活,需要在受限的条件下完成加法任务。做完20道这样的格子题（见附录），熟练的不仅是1、2、3之间的加法，还熟悉了3是由什么构成的，5是由什么构成的，能够随意拆解数字，将一个数字变成不同数字之和。这些思维上的痕迹是数学课堂上做大量计算题所给不了的，计算题都是从左边到右边，按照指定的符号进行一个方向的计算，熟练了这样的计算方式以后，思维就不会从右边拆解出左边的部分了，比如：

3+ ？ =21

当然，不仅加法，减法也可以在这个游戏中得到训练。请看图7-9。

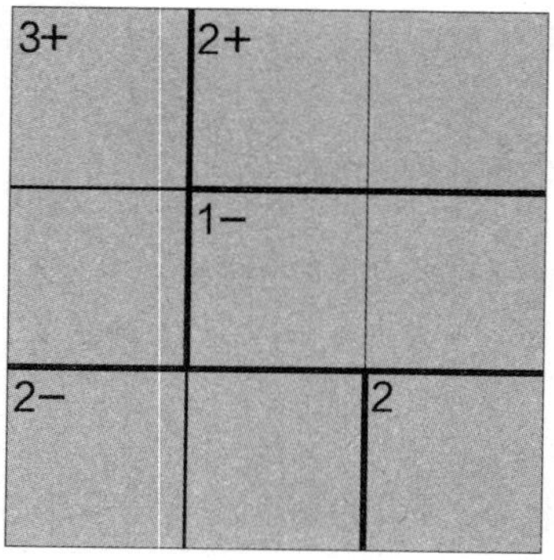

图 7–9

不仅 1、2、3 可以，更多的数字也可以，如图 7–10 所示。

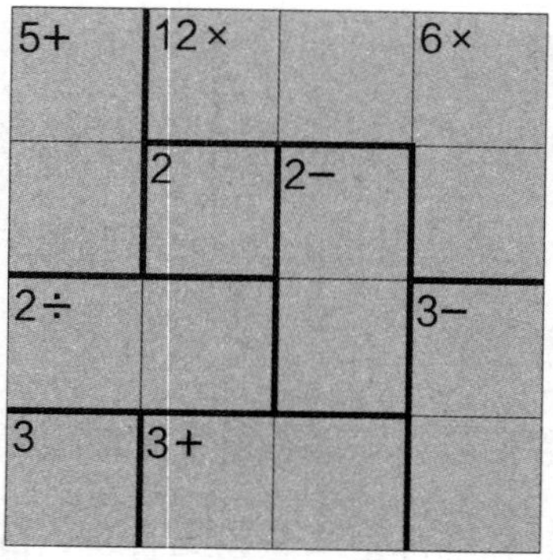

图 7–10

加减乘除都在其中了，随着孩子年龄的增长，四则运算在这样的框架下已经完全可以训练出他们思维的灵活性、方向的多样性、组合的变化性。最重要的是，孩子喜欢，一下子就能将其当作好玩的事情来处理，而不是映射到脑海中，想着这是作业、这是做题。

这一点在数学教育中非常重要，把数学教育的内容打扮成游戏的样子，让孩子情不自禁地喜欢玩，愿意玩，可以没完没了地玩。玩的过程中，什么加减乘除的规则啊，等式运算的结果啊，进位、补位、借位都运用自如了。

如图 7–11 是 5 个数字的“算吧！”游戏。

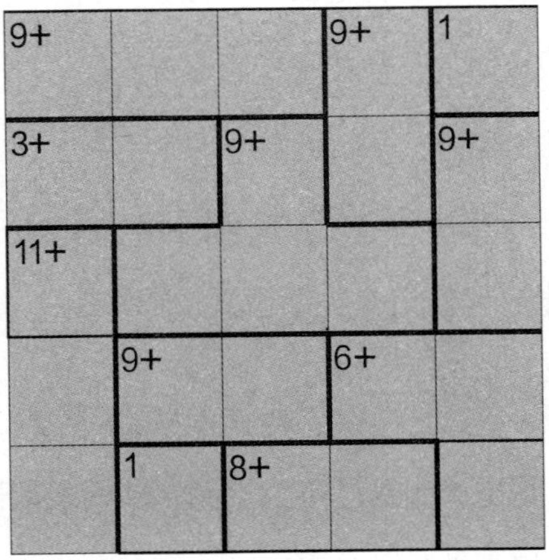

图 7–11

“算吧！”这个游戏，可以一直扩大到 9，涉及的计算可以超过 100。

数学的教育可以与课堂上教的如此不同，甚至可以说是天壤之别，对孩子的影响，尤其是在对待数学的态度上的培养，也是高下立见的。

玩格子与数字关系的游戏不仅可以从井字游戏起步，还有15制胜、34制胜，还有“算吧！”，还有格子乘法（参考《妈妈教的数学》），还有数独、九宫格，以及幻方……我爸爸从来没有在家里教过我课堂上的数学，却总是陪着我玩各种大脑体操；我妈妈，虽然会检查我的数学作业，却从来没有给我讲过解法，都是换一个场景，讲一个故事。

很多人都玩过井字游戏，我小的时候把这个游戏叫作井字棋，实际上，它不是棋，没有棋子，就是画一个符号，用来当作自己的军队，去占领地盘。井字棋是数学吗？井字棋能够带来思考吗？能够促进思维的活动吗？能够激发兴趣吗？学校的数学课堂上有井字棋吗？井字棋，能够延伸出15制胜，能够延伸出幻方，能够牵扯出历史上数学发展的一系列重要事件，能够引伸出今天的数独、“算吧！”等各种游戏，能甩出教室里的数学好多条街。

从我过去的日记中找出这些零星点滴，并检索记忆，整理出玩过的游戏，梳理出我组织小学数学竞赛班时的题目，让我回忆起在辅导孩子的过程中，通过各种游戏，看到孩子思维的发展、不错的潜力表现，还有数学能力的进步过程，这些都可以通过游戏的参与得到体现、得到巩固、得到促进。

玩，是孩子的天性，把数学打碎，重新编制到游戏中，是老师的责任，是父母的任务，是教育的最高境界。

第七题

从井字棋到 15 制胜，其实就是从模糊对抗到策略对抗的一个升级过程。这个升级能直接促使大脑想要找到制胜的规律，运用规律，总能取胜。那么，“算吧！”这类约定规律的数字填空实际上训练的是：

A：记住规律并用上

B：探索规律，并将其总结出来

C：熟悉规律，使思维更灵活

D：多种规律混合使用

（参考答案见本书末尾）

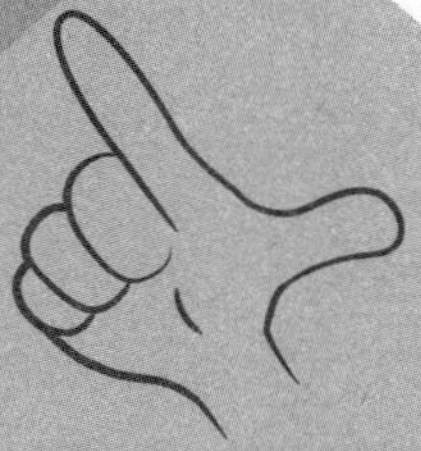

谈天说地中蕴含大智慧

◎爸爸陪伴我讨论过很多话题，不是一味的教育内容，而是来自我好奇的种种事情。

◎在孩子心目中，父母的角色完全不同。母亲是生活的关照者，父亲是自信的建设者，父亲愿意与孩子平等地交谈广泛的话题，孩子从中建立起自信，敢于说出自己的想法。

1975年1月20日 星期一 晴

那个是瞎子，他猜对了小郑叔叔的姓，也猜对了我姓孙。小郑叔叔也不会。

以上摘自我的日记。

日记内容短，其中也不该把盲人称为瞎子，这是我长大后才知道的基本礼貌。小的时候，大人也管他叫瞎子啊，但更重要的是，他猜中了我姓什么。当时，他不仅猜中了我的姓，猜中了小郑叔叔的姓，也猜中了旁边其他人的姓。

作为数学老师的我，今天不再觉得神奇。如今很多地方都有这样的把戏，就像当初在周口长途汽车站看到的一样，我在成都、重庆、杭州等各大旅游景点都看到过。在路边的地摊上，一个戴着深黑色墨镜的人坐在那里，前面摆放着100个字，就是百家姓中的字，你要是站在那里看上一会儿，盲人就会问，哪张白纸里有你的姓啊？你回答说：第三张、第四张中都有我的姓。盲人说，你姓孙啊，孙子家的传人，手给我。如果你把手伸过去，他就开始摸，然后继续说什么福气啊财运啊，等等，说得你高兴了，给点钱。重要的不是你高兴，而是他怎么知道你姓什么。

盲人眼前摆放的通常是这样的大白纸，如图 8-1 所示。

A

李、张、陈、赵、周、徐、胡、高、何、马、梁、郑、韩、冯、董、程、袁、许、沈、彭、苏、蒋、贾

B

王、张、杨、赵、吴、徐、朱、高、郭、马、宋、郑、唐、冯、萧、程、邓、许、曾、彭、卢、蒋

C

刘、陈、杨、赵、孙、胡、朱、高、罗、梁、宋、郑、于、董、萧、程、傅、沈、曾、彭、蔡、贾

D

黄、周、吴、徐、孙、胡、朱、高、谢、韩、唐、冯、于、董、萧、程、吕、苏、卢、蒋、蔡、贾

图 8-1

E
林、何、郭、马、罗、梁、宋、郑、谢、韩、唐、冯、于、董、萧、程

F
曹、袁、邓、许、傅、沈、曾、彭、吕、苏、卢、蒋、蔡、贾

图 8–1（续）

实际情况中，每张白纸上的字还要更多一些，一共 7 张纸，有 100 个姓。我这里用了 6 张纸，缩减到 45 个姓。你在这 6 个格子中找到自己的姓，看一下都在哪些格子里出现了，比如你知道自己的姓，发现分别在 A、B、C、D、E 5 个格子里都有，你不必告诉那个盲人，当然，你也不必告诉我，只要我知道 A、B、C、D、E 5 个格子里都有你的姓，就知道你姓程。或者你说自己的姓在格子 A、C 里有，别的格子里没有，我就知道你的姓是陈。

以上 6 个格子按照 A、B、C、D、E、F 的顺序，分别代表 1、2、4、8、16、32。如果你的姓在 A、B、C 三个格子里有，那么就是 1+2+4=9，意思是你的姓在百家姓中排第 9 位，所以你姓周。如果你的姓在 C、D 格子里有，其他格子里没有，那么就是 4+8=12，百家姓中排第 12 位的是孙。你姓孙。

图 8-2 就是你要依据的一个姓氏编码，也就是百家姓。这个百家姓是依据人口中姓氏人数从多到少排列的。排第一位的是李，人口最多，其次就是王，然后是张。你记住了这样一个姓氏编码图，再根据计算得出来的数，就知道眼前这个人的姓了。

01 李	02 王	03 张	04 刘	05 陈
06 杨	07 赵	08 黄	09 周	10 吴
11 徐	12 孙	13 胡	14 朱	15 高
16 林	17 何	18 郭	19 马	20 罗
21 梁	22 宋	23 郑	24 谢	25 韩
26 唐	27 冯	28 于	29 董	30 萧
31 程	32 曹	33 袁	34 邓	35 许
36 傅	37 沈	38 曾	39 彭	40 吕
41 苏	42 卢	43 蒋	44 蔡	45 贾

图 8-2

整个过程会让不知道背后奥秘的人感到神奇。7 张纸上，那么多姓，谁能够记住哪个格子里有什么字，然后你说出有这个字的格子，他就知道是什么字？就算是现看一遍，还眼花缭乱呢。实际在大脑中，不过就是 1、2、4、8、16、32、64 的简单加法而已。

当年 12 岁的我，被蒙住了。小郑叔叔是大人，也被蒙住了。我记得，我后来一路上就在自言自语地叨咕背后的奥秘。反正心里坚信，这一定不是依靠记忆的。这个疑团一直困扰了我 6 年，直到 1981 年，那年我已经上了北京师范大学数学系，再次遭遇了路边算命，在北太平庄农贸市场门口，这次，戏法的奥秘显现了出来，请看图 8–3。

A

1、3、5、7、9、11、13、15、17、19、21、23、25、29、31

B

2、3、6、7、10、11、14、15、18、19、22、23、26、27、30、31

C

4、5、6、7、12、13、14、15、20、21、22、23、29、30、31

D

8、9、10、11、12、13、14、15、24、25、26、27、28、29、30、31

E

16、17、18、19、20、21、22、23、24、25、26、27、28、29、30、31

图 8–3

算命先生的路边摊位前，有这么6张纸，上面都是数字。旁边写道：你的出生日期就在其中，哪个格子里有，说出格子的字母，我就能知道。

我说A、B、C里有，算命先生立刻说，你是7号出生的。然后算命先生说，你的出生月份在哪个格子里有？我一看说，A、B，他说，那是3月。之后他就要看我的手相，我没有让他看。当时眼前的场景让我一下子想到了当年在河南周口长途汽车站见到的姓氏表格。我愣在那里，旁边陆续有人说出自己生日的格子，结果都被说中了，而我也渐渐发现了背后的窍门，就是把格子里的第一个数字相加。甚至都不用记住姓氏的次序，直接就是数字。生日、月份，都是数字。加出来，就是了。请扫二维码看视频揭秘。

119

扫码看视频讲解

2007年8月10日　　星期五　　晴

铁蛋能够说出自己属牛，却不知道我的属相，甚至12个属相都说不出来。我制作了猜谜表，果然如我计划的一样，他着迷了，并陷入其中。

2007 年 8 月 18 日　　　星期六　　　晴

连续一周都不断地猜属相，他同学的属相差不多都在牛前后。他这回算是彻底记住了 12 生肖属相。接着，我引入了生日表格，再一次如我所料，他又陷入其中，并开始深入思索。

2007 年 8 月 30 日　　　星期四　　　小雨

今天，铁蛋大概猜出了背后的操作模式，就是每个格子的第一个数字相加。接着，我引入了二进制，10 岁的孩子，完全有能力理解二进制了。

以上摘自我的日记。

以上三篇日记，写的都是我作为一位父亲，与儿子铁蛋的互动过程。当初我的目的非常具体，就是让孩子记住 12 生肖属相：鼠、牛、虎、兔、龙、蛇、马、羊、猴、鸡、狗、猪。我运用的就是孩子最喜欢的猜谜形式。我给了他这样的四个格子，请看图 8-4。

A

鼠、虎、龙、马、猴、狗

B

牛、虎、蛇、马、鸡、狗

C

兔、龙、蛇、马、猪

D

羊、猴、鸡、狗、猪

图 8-4

我问他，哪个格子里有他的属相？他看到 B 格子里有，我说，那就是牛。你知道哪个格子里有爸爸的属相吗？他看了看，说 C 格子里有，我说，那就是第 4 个，兔。我让他随便想一个自己喜欢的动物，只能是 12 生肖中的一个，他说在 A、B、D 格子里都有，我说你喜欢狗。A、B、D 分别是 1、2、8，相加就是 11，第 11 位的属相是狗。

Math 儿童心理的奥秘

家庭中，父母与孩子的交谈话题都有什么?

有关生活的，告诉孩子该吃饭了，指示孩子到了睡觉时间，命令孩子收拾书包……

有关学习的，查看孩子的作业本，检查孩子的试卷，询问孩子学校学的知识……

以上两类话题都是大人发起的，发起的过程是不考虑孩子感受的，比如并不在意孩子眼前在做什么，直接就打断，对孩子自己的意识、自主行为和眼前专注的事情完全视作无物，彻头彻尾地以自己的意志为中心，不顾及孩子的任何感受。

Learned From Dad

还有大量不能构成长时间谈话的话题，就是孩子发起的，比如："妈妈，为什么树叶是绿色的啊？""妈妈，我今天不想去幼儿园。""爸爸，我们什么时候去公园啊？"……这类孩子发起的话题，通常都得不到认真对待，很快就被大人打发掉了。

小时候，我就是不知道盲人是怎么猜到我的姓的，一直困惑，并就这个话题与爸爸探讨，我爸爸当然也不会。不过，他愿意一直与我探讨，并给我讲了百家姓的故事，每一个姓氏的意思。一次路边遭遇就能制造出许多爸爸与我的谈话话题。

他当时不知道这背后的数学奥秘，后来我知道了，我就制造了充满疑惑的话题给我的儿子。爸爸陪伴我讨论了很多话题，不是一味的教育内容，而是来自我好奇的种种事情，有过河的次序安排，有丢失的钥匙，也有年龄的变化。爸爸没有把学校教的内容重复讲给我，我们交谈的内容多数来自我，我看到的事情，我好奇的事情，我想不明白的事情……我的儿子没有那么多好奇的事情，他喜欢打篮球，我们讨论过很多篮球的话题，当我希望他至少了解 12 生肖的内容时，我想到了父亲与我的每次交谈，好像每一次都是我要谈的，而不是他要找我谈的。

我从父亲那里学到的，用在了儿子身上。同样，我制作了游戏，使用了猜谜的方式，一切如设计好的一样，连续两个星期之后，铁蛋已经非常熟悉操作模式，也开始思考这背后的逻辑，等他存疑的时间足够长之后，他的好奇达到了最高程度，于是我引入了二进制，而他也真的懂得了二进制的原理。

如果只能用 0 和 1 两个数字来表示数量，那么应该有一个方法同样可以表示 3 个、4 个、5 个。我们表示 10 以上的数量时，通常还是用 0 ~ 9 这 10 个数字来表示，但如果只能用 0 和 1 这两个数字也要表示出很多数量的话，我们就有了这样的办法：0、1、10、11、100、101、110、111、1 000……分别表示我们习惯了的 0、1、2、3、4、5、6、7、8……

如果我们把 2 当作一个底数的话，2 的 0 次方就是 1，2 的 1 次方就是 2，2 的 3 次方就是 8……

- 3，就是 2 的 0 次方与 2 的 1 次方的和；
- 4，就是 2 的 2 次方；
- 5，就是 2 的 0 次方与 2 的 2 次方的和；
- 6，就是 2 的 1 次方与 2 的 2 次方的和；

……

任何我们习惯了的数，都可以用这个二进制的方式表示出来，如表 8–1 所示。

表 8–1　十进制与二进制

十进制	0	1	2	3	4	5	6	7	8
二 进制	0	1	10	11	100	101	110	111	1000

现在，我们可以开始编制属相表格了：12 生肖分别对应的是从 1 开始到 12 的 12 个数字，也就是这样的 12 个数字，如表 8–2 所示（前面用 0 补齐，纯粹是为了好看）：

表 8–2　属相表格

0001	1	鼠 
0010	2	牛 

续前表

0011	3	虎 
0100	4	兔 
0101	5	龙 
0110	6	蛇 
0111	7	马 
1000	8	羊 
1001	9	猴 
1010	10	鸡 
1011	11	狗 
1100	12	猪 

最后一位是 1 的，都放到 A 格子里；倒数第二位是 1 的，都放到 B 格子里；倒数第三位是 1 的，都放到 C 格子里；倒数第四位是 1 的，放入 D 格子里……

然后，就可以运用规则了，比如，你的属相是马，那就是 7，7 实际上是由 1、2、4 组成的，应该在 A、B、D 格子里，你检查一下是不是。如果是，格子就做对了。

懂得了这背后的原理，就能自己制作格子了。我儿子那段时间就用自己做的表格让同学来参与，他可以快速知道同学的属相、生日、姓氏、学号，还有同学父母出生的城市。他自己做了另外一个城市检索图，编制了一套城市代码，并自己记住了 32 个城市的名字和次序。

延续父亲与我之间的对话习惯，我规定自己每天都要与儿子有 30 分钟的对话，不是谈他学校的事，也不是对他的行为进行教导，而纯粹是聊孩子自己感到好奇的事情，或是我试图引发他产生好奇的事情。

为此，我把自己成长过程中有意思的事情都设计成活动，一点一点用到我们的交谈内容中，有过河的思考题、称重体验、寻找丢失的物品、篮球场中的行走路线，以及投球时球入篮筐的轨迹，还有运球过程中身体重心的变化与体能的关系等，这些都是我们讨论过的与数学有关的话题。

我们还讨论了很多其他的话题，比如《乔布斯传》，我自己阅读的同时，多买了一本给儿子，我们约好一起读。遇到其中涉及时代的词汇，他不太了解，我就给他介绍背景，还引发他关注鲍勃·迪伦（Bob Dylan）的音乐；我们每周都一起看一部电影，讨论影片中的人物关系和情节变化，并设想不同的结局；我们也讨论我在中国的营销咨询工作，讨论他关心的经济问题……

我与儿子很少讨论他学校的作业，除非他来询问我不太会做的题目，通常，我也不会直接讲给他，而是让他给我解释题目的意思，然后我会询问他的老师讲了哪个知识点，是怎么讲的。多数情况下，他在试图解释给我听的过程中，自己就开窍了。

在孩子心目中，父亲与母亲的角色完全不同。**母亲是生活的关照者，**是孩子心目中获得安全感的源泉。**父亲是自信的建设者，**父亲愿意与孩子平等地交谈广泛的话题，在这一过程中，孩子逐渐建立起自信，并敢于说出自己的想法，而不是担心自己有什么不对，或是被别人嘲笑……

我对数学的兴趣来自妈妈与我玩的各种活动，每个活动背后都包含着数学内容，详情可以参见《妈妈教的数学》。而对广泛的日常生活的熟悉、常识的掌握则来自爸爸，来自爸爸与我的各种交谈，甚至包括他年轻时的理想、年轻时做过的傻事、年轻时的勇敢以及内心的怯懦、当他还是孩子的时候他对他母亲的理解、他参军的内心动机等。他作为一个过来人，跟我讨论自己年轻时候的事情，正是这些，渐渐塑造了我的想法，并让我坚定地按照自己的想法去做，而不去在意别人的议论和言语。

常识中有事物的内在逻辑。我爸爸不懂猜测姓氏的内在逻辑，但是，我们的交谈让我学到了百家姓的来源。这也是数学，是数学概念的定义过程。学习数学，尤其是到了初中，很多孩子跟不上的一个原因就是不理解定义。一定要追问为什么，比如对数符号，那就是一个定义，约定好这个操作过程，就这么表示了；在生活中，理解了自己的姓就是一个约定，对自我个体的标志，也就明白了。我们可以在约定好一些事情以后，在约定的基础上进一步演绎。有了这个想法，二进制就不是一个难以理解的事情了，不过就是不要被十进制锁定，大脑不要被 0 ~ 9 的数字习惯固化，而是要跳出来，接受另外一种数量表示方式而已。

父亲带给我的数学更多的是常识中的逻辑，是操作过程中的严谨，是次序中的规则，是韧性，是执着，是盯住自己感兴趣的事情，或者说盯住那些吸引住了自己的事情钻研下去。

Math 儿童心理的奥秘

当我将从父亲陪伴我成长的过程中学到的方式、内容、过程全都复制到我儿子面前的时候，我才体会到教育心理学中的核心原理：遗传、环境、教育这三个要素。父母扮演的就是环境这个要素。这三个要素的不同组合孕育出一个人，这个人的智力、体力、精力、心理、精神、动机、性格、品质……从怀孕到出生，遗传因素就完成了。而在 0 ~ 12 岁这一重要阶段，环境的影响作用占 95%。12 岁以后，教育的权重才渐渐升高。18 岁以后，又回到了环境，社会环境、人文环境、文化环境等。

Learned From Dad

对孩子的成长有重要影响的就是 0 ~ 12 岁阶段的环境，这个环境包括父母提供的生存条件，孩子成长过程中的心理建设、精神发育、性格形成、智力基础等，这些都源自父母与孩子的对话，对话是环境影响中能占到 50% 以上的一个环节。其中，父亲的作用不能缺少，自信、勇敢、坚强、执着等重要的人格品质，都是来自父亲的影响。而热爱、快乐、兴趣、感情都是来自母亲创造的氛围。

隐藏的数学是什么？就是交谈的话题。话题中有视野，视野带来思考，思考形成性格品质。学习数学需要一种品质，这个品质就是专注、执着、长时间存疑。不放弃地想啊，想啊，人生的路，也就想出了眉目。

第八题

猜测属相、姓氏等活动激发了孩子的兴趣，并让他愿意长时间思考背后的原理。其中，爸爸的真正作用是：

A：带给孩子信任

B：带给孩子自信

C：带给孩子方法

D：带给孩子信念

（参考答案见本书末尾）

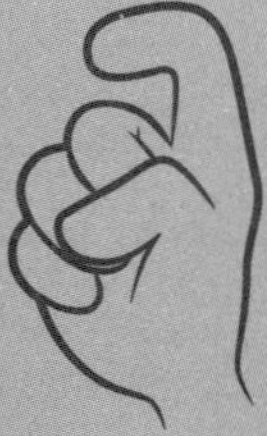

从猜谜游戏孕育出抽象思维

◎把每个步骤都精细地写出来，这个过程培养了细致、缜密的思维，不是跳跃，不是耍小聪明，而是看似愚钝，实则大智。

◎真数学，真正的数学课，真正的数学思维，是来自思维的训练，而不是记忆力的训练；是来自理解力的提高，而不是熟练的模仿。

1976 年 3 月 19 日　　星期五　　小雨

爸爸总是能够猜对，我不知道是怎么回事，爸爸让我自己想。随便想一个数，我想的是 8，不告诉爸爸。他让我乘 2，我得到了 16，然后让我加 6，就是 22，又让我除 2，当然，就是 11 了，减去我之前想的 8，爸爸说，是不是 3？

以上摘自我的日记。

日记中有关猜谜的活动很多，数字猜谜有四个，其他的都是成语猜谜、对联猜谜。留在我记忆中的，却是这个数字猜谜，我学会了，并在同学们中间玩，自己得意。北京师范大学毕业的我当然知道，那个心情其实就叫成就感。

成就感不是取得成就的人才有的，这个成就也不一定要特别大、特别轰动。对孩子来说，会一项神奇的特技，让同学想不明白，就是很大的成就了。心理学上讲，成就感能够驱使人忘我地追求一个目标，达到目标的阶段性过程能够不断积累成就感，并形成正向循环，激发一个人向着一个方向深入探索。爸爸跟我玩的各种猜谜游戏，就这样一点一点地把我带入了被成就感驱动的循环中。

1976 年 4 月 2 日　　星期五　　阴

1089 这个数，总是出现。爸爸让我口算三位数加减，我自己随便说了一个 159，然后爸爸让我颠倒次序，就是 951，用大的减去小的，我没有算错，是 792，再颠倒过来，就是 297，然后相加，792 加 297，就是 1089。

以上摘自我的日记。

这是第二个数字猜谜游戏，另外两个在第二回合中已经提到了。日记内容不多，幸好关键要点都写了下来，不过即使没有写下来，我也仍然记得，而且深入脑海。这些题目我与同学玩过无数回，只要去郊游，路上大家聊天，我就会拿出这些猜谜的题目，让同学觉得神奇，我自己觉得得意。培养孩子一点自信，难吗？不难，赢得同学的目光，就是自信的燃料，燃料越来越多，自信就越烧越旺。

在1975年到1976年这段时间，有关数字的游戏，通过各种猜测和尝试，不仅让我的心算能力提高了，而且对数学运算过程中的规则和次序也更加熟悉了。实际上，老师让学生做大量习题，也是为了让学生熟悉，不过那种熟悉的过程容易导致孩子不喜欢数学，这个代价有点大。我爸爸的做法，却是通过猜谜的方式，让还是孩子的我来回反复折腾，折腾的过程中，也就熟悉了。

12岁的我，脑子里充满了数字之间的趣味关系，这样的日子，这样的生活，今天回忆起来，仍然温馨。而今天我的大脑和脑力的思考，都是那些日子的沉淀，感谢父母营造了一个环境，是环境熏陶了我、塑造了我。

不过，这把戏没有玩多久，我自己就不玩了。因为上了初中，学了代数，这把戏就被彻底揭穿了。然而正是因为这样的把戏玩得太多，我的代数仿佛天生就会，操作自如，运算流利，尤其是因式分解、等式操作等，都十分拿手，一改小学时数学成绩总是在中等徘徊的局面，以前很多考分靠前的女生都渐渐落后了。

其实这个把戏的背后，就是一整套代数原理。当初爸爸与我玩这个游戏的时候，让我拿纸笔把每个步骤都写下来，如下：

- 第一步：想好一个一位数；
- 第二步：乘以 2；

- 第三步：加 6；
- 第四步：除以 2；
- 第五步：减去想好的数。

每次得到的答案都是 3，我尝试了所有的一位数，从 1 到 9，都是如此。然后，我尝试了稍微大一点的数，比如 25，结果也是如此。于是，我用学校老师教的四则运算，再遵循爸爸给我养成的习惯，每个步骤都写下来，就得到了下面这个算式，如图 9–1 所示。

$$\frac{7\times 2+6}{2}-7$$
$$=7+3-7$$
$$=3$$

图 9–1

然后，你是不是发现窍门了？我完全可以改进这个游戏，让最后的答案是 4，也可以是 5，甚至可以是任意一个数，关键都是在第三步，指令所给的加上的那个数的一半，就是最后的答案。比如，你看那个 6，这个地方如果换成 8，也就是说第三个步骤，我给的指令是加 8，那么，最后的数字就是 4。我就可以猜是 4，肯定也是对的。

然后，我还可以乘以 3，然后加 15，再除以 3，最后就是 5，无论你最初的那个数是什么。如果你真的罗列过所有步骤，你自己就能够看出窍门在哪里，这就是把戏的底牌。

我重新整理了游戏过程中的指令，如下：

- 第一步：想好一个数，随便是多少；
- 第二步：乘以 3（练习你的乘法心算呢）；
- 第三步：加 18（练习你的加法心算呢）；
- 第四步：除以 3（练习你的除法心算呢）；
- 第五步：减去你之前想好的数（练习记忆力，以及减法心算）。

最后，你得到的是 6，让参与的人感到惊讶。光忙着心算呢，谁知道出题人怎么能在不知道第一个数的情况下，一下子就猜出来了。如图 9–2 所示。

$$\frac{37\times 3+18}{3}-37$$
$$=37+6-37$$
$$=6$$

图 9–2

其实，不用第五步也可以。让对方告诉你现在是多少，然后你自己在心里做一个口算，减去 6，就能够猜到对方最初想好的数。这也是一种玩法。如果孩子读小学三年级以下，第一个想好的数就控制在 20 以内；如果孩子读小学三年级以上，那 100 以内的数都可以，反正练习的都是心算的能力。

数学学习要培养的是思考能力，而思考能力再进一步就是抽象思维了。抽象就是把具体的数字变成抽象的符号，数字与符号都参与同样的运算过程，而符号保留下来，维持最初的样子，如图 9-3 所示。

$$\frac{3n+18}{3}-n$$
$$=n+6-n$$
$$=6$$

图 9-3

我认为，我爸爸肯定没有学过教育心理学，完全不懂儿童认知过程的规律。他不懂，可是他做的事情竟然完全符合认知心理学。整个猜谜过程中，我的表现以及大脑中形成的认识、习惯、收获，如下：

1. 兴趣的巩固；
2. 加减乘除的熟练；
3. 内在规律的挖掘；
4. 记忆力的反复打磨。

以上四条，是多少老师和家长都梦寐以求的啊。这些老师和家长采取的方法又是什么呢？一再刷题，增加做题的数量，缩短做题的时间，要求学生短时间内做出尽量多的四则运算。啊，他们的这些做法，也符合认知心理学规律，能够达到如下的四个效果：

1. 憎恨数学；
2. 强制记忆；
3. 模仿并重复记忆内容；
4. 封闭记忆体。

Math

儿童心理的奥秘

这种做法会渐渐引发孩子内心对数学的厌烦，厌烦进一步引发的就是排斥，不再调用理解力，而是靠简单的形式化模仿，重复模仿内容并强制自己记住，这不是依靠临时的即时记忆力来理解事物，而是把即时记忆力占用来当作永久记忆使用，等到了初中需要灵活性的时候，即时记忆力失灵，理解力失灵，长效记忆力却关闭了。孩子自己不明白，便不断强化自己的认识：数学不是我的菜。就是有人天生擅长数学，反正自己不是这块料，熬到毕业，就可以彻底告别数学了。是的，应该告别这样的数学。

Learned From Dad

很有意思的一个现象是，几乎没有人承认自己是文盲，却有很多人坦然承认自己数学很差。自己是数盲，自己不聪明，自己不擅长数学，都是一个意思。他们不喜欢的数学，与我学到的数学，真的不是一个数学，搞不好，他们学的都是假数学，是老师为了展示自己的教学业绩用的，是为了让学生做题，自己省事用的，是为了能够在校外搞补习班赚钱用的，不是真正的数学，至少，不是我从小学到的数学。

数学，就应该是好玩的，是可以让我们不止一次地玩下去的。如同游戏，游戏的一个基本要素就是有可以预测的部分，也有不可预测的部分。有规律性的严肃，也有偶然性的结局。要不，我们再来看看我日记中的第二个谜题。

不知不觉地，我总是会这样做，那就是严格地把每一个步骤都罗列出来，不图省事，不追求聪明，依靠的就是严谨和扎实的工作作风。这不是我天生遗传来的，而完全是从爸爸的做法中耳濡目染得而来的。

- 第一步：想一个三位数；
- 第二步：颠倒次序；
- 第三步：大减小；
- 第四步：再颠倒次序；
- 第五步：相加。

得到1089。把算式罗列出来，试一试，你是否可以找到窍门。第二回合中就有这个例子，当时你是否深入思考过，还是读完那段就跳过了？不过，到这本书要结束的时候，抽象就该出现了，如图9-4所示。

$$
\begin{aligned}
& 100a+10b+c-(100c+10b+a) \\
=& 100a+10b+c-100c-10b-a \\
=& 99a-99c
\end{aligned}
$$

图 9–4

这就是使用代数的方式，将第一步、第二步、第三步都表示出来。如果用代数方式表示三位数，就是 $100a+10b+c$，首先，要预设 a、b、c 都是 0～9 的自然数，其中，a 不是 0。

然后，重要的就是下一步，如图 9–5：

$$
\begin{aligned}
& 100(a-c)+(c-a) \\
=& 100(a-c)-100+100+(c-a) \\
=& 100(a-c-1)+10\times 9+(10+c-a)
\end{aligned}
$$

图 9–5

这是一个三位数的形式，颠倒后是：

$$100(10+c-a)+10\times 9+(a-c-1)$$

两者相加，则如图 9–6 所示：

$$
\begin{aligned}
&100(a-c-1)+10\times 9+(10+c-a)\\
&\quad+100(10+c-a)+10\times 9+(a-c-1)\\
&=100a-100c-100+90+10+c-a+1000\\
&\quad+100c-100a+90+a-c-1\\
&=1000+90-1\\
&=1089
\end{aligned}
$$

图 9–6

这里表示的就是 99a–99c 的一个加工过程，要重新整合为三位数的形式，这个形式就是 100、10 和个位的样子。详细讲解，请看视频内容。

扫码看视频讲解

神奇的 1 089，你可以发现，33 的平方就是 1 089，也可以尝试 99 加 99，得到 198，然后与 891 相加，也是 1 089。

当然，如果你有兴趣进一步研究，就尝试完成如下挑战：

- 第一步：随便想一个四位数；
- 第二步：写出这个四位数最大的形式，以及最小的形式；
- 第三步：以最大的减去最小的；
- 第四步：持续下去，会得到 6 174。

比如，3 296 是一个四位数，它最大的形式是 9 632，最小的形式是

2 369，相减后得到 7 263；再以这个四位数来算，最大的形式是 7 632，最小的形式是 2 367，相减后得到 5 265；再继续，最大的是 6 552，最小的是 2 556，得到的差是 3 996；接下去，最大的是 9 963，最小的是 3 699，差是 6 264；继续，最大的是 6 642，最小的是 2 466，差是 4 176；最大的是 7 641，最小的是 1 467，差是 6 147；最大的是 7 641，最小的是 1 467，差还是 6 174……就此开始循环，逃不出 6 174 了。见表 9–1 所示。

表 9–1　神奇的 6174

原数	最大	最小	差
3296	9632	2369	7263
7263	7632	2367	5265
5265	6552	2556	3996
3996	9963	3996	6264
6264	6642	2466	4176
4176	7641	1467	6174
6147	7641	1467	6174
			6174

⋮

用代数的方法如何解释呢？

我从事教师职业后，沿用了同样的方式，通过神秘的计算，让学生觉得神奇，然后不出所料，学生们会陷入其中。具体表现就是默默地在那里计算，边算边得到验证，继而培养出好奇感。多数学生能够维持这个感觉超过一个小时，有的学生第二天还能够想起来，并追究一下来龙去脉，想弄明白到底是怎么回事。如果更进一步的话，就能形成抽象的表达方式，这就上升到代数的基础了。

为了进一步拓展孩子即时记忆力的灵活性，就有了这样神奇的步骤，进一步让孩子在有兴趣的过程中，不知不觉练习了口算，不知不觉打磨了即时记忆的灵活性，不知不觉地探究出背后的原因。

再看：

- 第一步，想好 1 ~ 10 中的两个数；
- 第二步，将两个数相加；
- 第三步，乘以 10；
- 第四步，加上两个数中大的那个；
- 第五步，减去两个数中小的那个。

好了，告诉我，你得到了什么数？肯定是一个三位数，给我这个三位数，我就知道你最初想好的两个数是什么。

要想知道谜底，请扫二维码，看视频讲解。

扫码看视频讲解

数学不必以作业题的形式出现，不必都是乏味的、千篇一律的样子，完全可以很好玩的。我爸爸工作很忙，平时没有多少时间陪我，也没那么多时间和我交谈数学问题，往往他在忙的时候，就会用这样的猜谜游戏来占住我的时间，让我把时间消磨在琢磨谜底的过程中。当我陷入其中左思右想的时候，他就在那里继续他的乐曲创作。他时不时也会被我一时的想法打断，这时，他就让我把想法写出来，写得详细一点。

后来，我当了老师，也就理解了，有时候，老师布置大量习题给学生，就是为了让自己省事儿。唉，人人都有私心，都有符合自己利益的动机。但是，老师为了符合自己的利益，也不应该让学生陷入机械、简单、无聊的重复中，最终变成没有意义的模仿。

数学是思维的体操，是在思考过程中解决一个又一个不同的问题所带来的乐趣，不是100道大同小异的四则运算题，而应该是像这样的简单操作，结果有趣，又能够引发思考。

把每个步骤都精细地写出来，这个过程培养了细致、缜密的思维，不是跳跃，不是耍小聪明，而是看似愚钝，实则大智。

我父亲长期对我这样要求，也培养出了我沉着的心态，不急不火，做题就每个步骤都写出来，如同父母培养我写日记一样，到今天，这个习惯都没有中断过，这些都是优良品质。事无巨细，提笔就记，学习雷锋写日记。语文依靠日记，数学依靠细节。**细节就是步骤，就是过程，就是环节，每一步都有“法”可依，结果自然正确。**

思维的体操要具备三个特点：

1. 表面上简单；
2. 重视操作过程；
3. 结果神奇。

以上就是体操的三个原理。每一个类似的数字谜团都符合这三个原理。

看看你自己家里的邮政编码，取最后一位，不要告诉我。简单操作，你都会，但要符合我要求的过程，步骤的次序不能颠倒，一步一步来：

- 第一步，乘以 2；
- 第二步，加 5；
- 第三步，乘以 50；
- 第四步，加 1767；
- 第五步，减去你出生的年份（比如 1983）。

好了，你现在得到了一个三位数吧？第一位就是你家邮政编码的最后一位，后面两位，就是你今年（2017 年）的岁数。从第二回合中

“当年的生日”，已经延伸到2017年的生日了，作为读者，要让自己开始思考，列出代数过程，才是彻底完成了思维过程的方式。尝试自己列出代数过程。

还可以让谜题变得更有意思，想好的数，也可以是孩子学号的最后一位，家里门牌号码的最后一位，自己生日的最后一位，手机号码的最后一位，身份证号码的第一位……总之，只要是一位数就可以，与生活密切结合，会更有意义。

这类题目完全可以生活化，简单的算式不如具体的现实生活，将身边的数字引入到数学中，也就建立了数学与生活的联系，才能让孩子体会到数学是有用的，至少真数学是有用的。

全球人口中，1/4是中国人，其余的1/5是印度人，那么，印度人占全球人口的多少？

这道题目有两种思考方式。一种是按照分数算式计算：

$$(1-1/4)\times 1/5 = 15\%$$

另一种是按照语句的理解，不列算式，也能计算出是15%。你是哪种？还是两种都会？

中国学生多数会算式计算的方式，美国学生多数会语句理解的方法。因此，两国学生之间就有了明显的思维差异。算式法欠缺语言的沟通与表达，语句法欠缺抽象与提炼。科学的道路上，需要两种方法并存。

体操，需要肢体符合简单的动作要求，一套动作结束，会有下一套动作，都是有次序的。思维的体操也是一样，加减乘除都是简单动作，操作起来有一个流程步骤，体操的结果是美，形体的美，体现在对称、均衡、速度、力量上。**思维体操的结果也是美，体现在规律、巧妙、严谨、神奇上。**

我当数学老师后，也陷入了一种困境。一方面，要确保自己教的班级考试成绩排名靠前，这是数学教研组对我教学成绩的考核。而另一方面，现有的教材多数都充斥着枯燥的习题，大量的练习对孩子的思维发展不利，多数情况下都会导致学生对数学感觉糟糕，老是做重复的题目，大脑就失去了自我激励的活力，不再产生多巴胺，不兴奋、不主动，呈现闭合回路，只剩下简单重复、强化记忆、应付考试……日复一日，年复一年，我作为数学老师，自己都不喜欢。于是，我开始开发更多有趣味的教学形式，后来渐渐发现，我的班级，考试成绩并不差啊！于是我自己就得出了实践结论：

灵活的教学模式，有趣的教学形式，与考试成绩不是对立的。考试成绩不是仅通过刷题一条路才能得到。

真数学，真正的数学课，真正的数学思维，还是来自思维的训练，而不是记忆力的训练；还是来自理解力的提高，而不是模仿的熟练。

很多数学老师精心布局，设计出大量刁钻古怪的题目，他们的目的是把学生难住，不难住学生，好像老师就不够资格。但不是所有的学生都具备历经磨难、坚韧不拔的意志品质，多数情况下，难题会让学生对数学望而生畏、心生厌倦，这种心理状态难以扭转。当然，像我这样的学生，不会被难住，永远不甘心。思考消化上 10 天还坚持解出题目，是很难得的。这种不屈不挠的品质就是从充满变化又有操作方法的思考题中培养出来的。

很多老师和父母都会对孩子讲：做好一道题，先从审题开始。很多孩子在做题的时候贪求快，刚看完第一行，就马上动手操作。实际上，他们就是没有体验过长时间对一个题目进行思考的过程。没有人为他们提供这样的思考训练。

要想真正了解一道题,是从题目的结束开始的。这就如同阅读小说，凭着兴趣阅读，都是从头读到尾，而强化理解力的阅读，都是从尾读到头，那才是对自己思维能力的锻造。数学题，也一样。题目不能难，要每个步骤都熟悉，通过几个环节得出有趣的结果，至少让孩子觉得不是一道题做完了，不是一个题目结束了，而是一个思考的起点。

怎么猜出来的？怎么知道的？再换一个数试试，还是能够猜到。我能吗？我也试一试。

题目做完了，吸引孩子进一步回味，大脑中反复加工题目，顺便训练了理解力，巩固了操作，激活了即时记忆力，触动了神经元的边界，人的大脑开始启动，如同汽车的发动机一样。这是真数学啊。

于是，大脑就开始形成形式逻辑，这就是抽象思维的初级表现了。类似这种猜谜类型的题目，都能起到这个作用，那就是铺垫抽象思维的最初底色。数字不再是具体的数字，而是一个符号，最终符号不变，也就透彻理解了思维体操的意义。脑力中的抽象力量，是大量猜谜活动孕育的结晶。

第九题

在现实生活中，很多时候都需要将听到的事情写下来，看到的，甚至一闪而过的事情，有机会都要写下来。每个运算步骤都写下来，对成长中的孩子来说，培养的是：

A：良好的思维习惯

B：细致缜密的思维

C：正确使用原理和公式

D：慢性子，稳妥保守的心态

（参考答案见本书末尾）

家庭数学辅导的 12 个疑惑

◎许多似是而非的意识、模棱两可的说法、含糊不清的认识，都体现在家长们提出的各种问题上。

◎速算好的孩子数学好吗？不是每个孩子都适合学数学吗？多做题能提高数学成绩吗？如何在生活中考察孩子的数学能力？……

越来越多的知识女性成为了妈妈，这些知识女性也越来越懂得家庭教育的重要意义。在中国的大环境下，早教概念的普及、“不能输在起跑线上”的说法都不断成为一种共识，让妈妈们格外重视自己孩子的教育。她们积极参与孩子的成长和教育活动，从陪伴孩子在外面参加各种幼教机构组织的亲子活动，到积极不断地购买家庭教育方面的图书，她们的种种行为都表现出参与孩子成长教育的积极性。

积极的态度、热情的参与并不等于能让孩子天生具备正确的方法、做法和思路。中国的孩子并不是输在了起跑线上，而是输在了起跑姿势上。学习的方法不对、内容不对、思路不对都会让孩子养成错误的习惯、形成错误的认识，甚至记下错误的概念。伴随着这些错误长大，随着错误的增多，也就越来越难以矫正，孩子当然也就难以成长为拥有创造力和前沿领导能力的人才，也就永远是只会做题、不会出题的工匠；永远是会做试验却不会构思试验的科技蓝领；永远是只会解决别人提出的问题，却不会发现问题并提炼出新问题的跟风者。

许多似是而非的意识、模棱两可的说法、含糊不清的认识，都表现在家长们提出的各种问题上。我总结了近几年与 3 000 多名父母在交流过程中遇到的 12 个问题，我将我的回答汇总在这里，尽量让家长对孩子的数学学习，尤其是对小学阶段的数学学习能够有一个正确的认识。

问：12 岁以下的孩子对抽象概念掌握的程度一样吗？

答：程度不同。

数学学习所涉及的关键就是抽象概念。比如，“两个数相加”这个说法，孩子都能懂，而说“两个数的和”，一些孩子就不懂了。两个数的和就是两个数相加的抽象说法。任意数的和，就更抽象了。甲乙两地相距 20 千米，这句话中，甲、乙就是抽象词汇。抽象词汇需要思维的加工，要能够把抽象词汇的意思变成另一个具体的意思，如北京市西城区到朝阳区有 20 千米。这就是抽象思维具象化的一种表现。

抽象思维有三个表现：

第一，能够将具体的事物用概括的方式表现出来。

第二，能够对概括的事情和说法进行组合、变化，并操作。

第三，能够将抽象的事物用具体的例子进行解释。

有的孩子 9 岁就能表现出对抽象词汇的理解能力，有的孩子要到 15 岁才有可能表现出抽象化加工的痕迹。对抽象概念的掌握，确实能够说明一个人未来的思维表现水平。比如，抽象能力较强，理解事物的深度也就超越多数人；抽象能力较弱，很多需要脑力劳动的工作就难以胜任。抽象能力可以说明一个人的智力发展情况。

但要区分的是，不同的孩子有不同的发展节奏。有些 9 岁就具备很强抽象能力的孩子，到了 15 岁就开始出现退化的痕迹，这种情况是常见的。当孩子表现出抽象能力的时候，要区分的是，这种能力是依靠记忆力表现出来的，还是依靠理解力表现出来的。

> 对父母而言，实际而具体的启发意义在于，不能强求自己的孩子与别的孩子发展表现一样。自然情况下的发展，才是每个孩子自身适应性最佳的节奏。

女孩通常在三四岁就能够表现出对大量词汇的使用能力，而实际上，那仅仅是模仿而已，这种模仿是依靠记忆力来实现的。这种情况到了八九岁，表现出来的就是好像懂得很多，所用的词汇中抽象词汇较多，其实这并不能说明就是聪明，或者智商水平高，这仅仅是记忆力的一种表现。

男孩的发育节奏与女孩完全不同。不理解的时候，他们表现出来的就是不会，难以使用记忆力。无论是做题还是写作文，男孩的表现都要迟钝一些，实际上，这样的孩子到了 12 岁左右，理解力便开始成熟，思维也开始发力，到了 15 岁，他们学业上的表现就普遍开始超越女孩，依靠的便是理解力。这时，多数女孩还在依靠自己的记忆力学习，越来越吃力。

这就是数学的一个功效，能够辅助孩子形成自己的思维能力，尤其是抽象思维能力。孩子形成抽象思维能力的节奏不同、阶段不同、表现不同，这些都需要父母和老师识别出来，并针对孩子阶段性的表现以及阶段性发展的特点进行辅导。

问：计算快、准确性高的孩子数学水平高吗？

答：不一定，多数情况下不高。

有一个非常普遍的情况是，多数父母和老师都要求孩子计算快、准确性高。那些孩子的突出表现如果与老师和父母所施加的这种压力有密切的关系，那么这个孩子的数学水平实际上就已经开始出现延缓发展的苗头了。

15 岁以下是人的认识水平逐渐形成的关键时期，这是由大脑的发育、发展过程决定的。大脑在发育过程中最擅长的是接受新生事物，新的做法、新的形式、新发生的事情，一切都是新的。大脑在成熟后，更多的活动才是以重复为核心，通过做重复的事情提高效率，这都是 15 岁以后的事情。

如果在 12 岁以前，也就是小学阶段，甚至是幼儿园阶段，大人要求孩子背诵和熟练处理数字计算，这些动作都不是新的，而是机械化的重复行为，那么孩子的大脑就开始懈怠，并缩小脑神经扩展的力度，不再高速发育并覆盖全脑，而是局限在一个区域中，不断重复和加深。15

岁以后，当需要大脑更多地加工知识、处理信息、解决问题的时候，脑力就不够了。一个主要原因就是过早训练大脑效率，从而约束了大脑区域扩张的发展。

所以，计算快、准确性高的孩子数学考试成绩好，数学能力却弱，因而实际水平多数是不好的。

每个阶段，孩子的智力都有这个阶段要发展的项目，如果将脑力用于发展一个 5 年后才需要发展的内容，就错过了那个阶段原本应该发展的部分。

9 岁以前，应该重点发育的脑力是数感、空间感、乐感、协调感，让大脑能够全面发育，对身体的各个部分进行控制，这是智力的一个核心基础，在控制的过程中，从反馈中形成对世界的认识。数学在智力发展过程中所扮演的角色就是激发大脑熟悉数字、熟悉规律、熟悉关联、熟悉因果……通过数数儿，通过数列，通过加减乘除的运算，通过各种与生活相结合的数学运用，包括路上的时间、书包的重量等，通过各种深入的结合，推动大脑皮层的活跃。

问：不是每个孩子都适合学习数学吗？

答：对！不是每个孩子都适合从事数学工作，不是每个孩子都对数学敏感，不是每个孩子都必须要喜欢数学。不过，每个孩子都应该学习数学。

“适合”这个词包括三种情况：

- 1. 对于所接受的内容，能够掌握 75% 以上。
- 2. 对于所需的时间，在大脑开始出现厌烦情绪前，能够掌握到 75%。
- 3. 平时在没有提示的情况下，还能够主动想到一个内容。

对于数学，如果出现了以上三种情况，这个孩子就是适合的。如果以上三种情况都没有出现过，就是不适合。

适合与不适合是一个培养的过程。就算是不喜欢数学的孩子，如果遇到一个老师，这个老师的表现和言谈举止一下子就能让孩子喜欢，他就会开始熟悉数学、习惯数学，并出现以上三种情况中的第一种，接着就是第二种，然后出现第三种。三种情况都出现后，就会形成正向循环，孩子的数学也就开始有感觉了，有了进步，不再害怕，不再担心，不再感到陌生，他渐渐地也就开始变得适合学习数学了。

问：记忆力好的孩子容易学好数学吗？

答：无法回答。

记忆力有两种：第一种，即时记忆力；第二种，延续记忆力。

孩子看到老师在黑板上演示一道题后，再做一道类似题目时，能够照猫画虎，大概的样子非常像老师在黑板上演示出来的内容，这就是即时记忆力的表现。

背诵九九乘法表，这是即时记忆力的强化与深入，是大脑局部神经元回路的深化过程，这个过程如果是对 21 岁以上的人来说，是非常有效的。但对 15 岁以下的人来说，这个回路的活动却是以损失神经元扩展活动为代价的。

如果孩子到了初一，还能够立刻计算出一个长方形的面积，使用了长方形面积公式，那么，这个长方形面积计算公式就是延续记忆力的结果。

学好数学需要的是延续记忆力，不是即时记忆力。即时记忆力主要用于身体动作的模仿和短期任务指令的执行。延续记忆力的基础是理解力。数学需要理解力，理解力也能够通过学习数学得到培养。

问：孩子对数学概念的理解，要么就是懂了，要么就是没懂，对吗？

答：对。

比如数位，这是一个概念，懂了，就知道到十要进一位，不够就借一位。高位代表的是多少，给 0 排队在后面。位置不同，代表的量数不同。这就是理解了。

很多学生，貌似会做进位、借位、错位、定位的题目，实际上依靠的都是记忆力，即时记忆力，然后变成一种习惯下意识。这不是理解。他们看起来会做题，也能够做对，但实际上是“晕”的状态。含糊着驾驶，等道路更加曲折、有更多坎坷的时候，就散架了。

一些学生到了小学五六年级时开始感到吃力，就是这个原因。到了初中，跟不上的学生越来越多，随着知识量的增加、信息量的增加，他们积累了越来越多不懂的概念，模糊的、含糊的概念纠缠在一起，错题就越来越多，受到的打击就越来越大，自信就开始降低，最后索性认了——自己不是学数学的料。

问：速算好的孩子一定数学好吗?

答：不一定。多数情况不好。

数学好要分三种情况来看：第一种，是数学考试成绩好，还是数学思维好；第二种，是小学时好，还是中学时好；第三种，是已知的好，还是未知的好。

第一种，数学考试成绩好，完全不等于数学思维好。考试测试的是学生对老师所教知识的掌握情况，很多情况下，考试题目不能体现数学的思维活动。

第二种，很多学生上小学时数学考试分数不错，到了初中就开始下滑，高中听课就跟不上了；学过的数学知识也就渐渐遗忘了，从此也不再接触数学了。

第三种，老师教过的内容，就是已知内容，掌握得不错，那是记忆力好。对于未知的事物、没有学过的内容，自己完全没有能力学习，当然也就无从掌握，更谈不上数学思维能力了。

以上三种都是对一个学生数学好坏的区分，区分本身就是一种重要的数学思维。

问：解题能力强的孩子数学能力一定好吗？

答：不一定。有好的情况，也有不好的情况。

拥有数学能力的最终目的不是解题。解题仅仅是将数学思维能力中的一部分使用出来的表现。数学能力还有一个用途就是提出问题。遇到日常生活中的各种情况，能够形成问题并描述出来，构建出已知部分以及希望解决的未知部分。这个提问的能力，是数学思维最终要培养的能力。仅仅会解题，只是思维的一个阶段，再高一个级别的阶段，就是提出完整的问题。

也就是说，如果具备提问的能力，能够将生活中遇到的事情变成一个问题，然后尝试用数学的方式来解决这个问题。这就是数学能力较好的完整表现。

问：提问多的孩子数学水平好吗？

答：仅仅从提问多，不能判断孩子的数学水平。

提问多，已经表现出这个孩子能够将自己观察到的事情以及感受到的事情变成一个问题提出来，说明他具备了数学所要培养的最终能力的初级表现形式。

> 鼓励孩子提问，并通过回答孩子的问题，引导孩子提出进一步的问题，再进一步的问题，不断探索、前行，数学水平也就得到了提高。

问：多练习、多做题就能提高数学能力吗？

答：能够提升部分能力，也就是做题的能力。

大量做题通常对学生有三个方面的影响：

1. 形成做题的惯性，并形成一套标准的流程做法。
2. 学习新的内容时，不关注内容的作用，而仅仅关注能用于做题的部分。
3. 思维定形为做题模式。

以上三种影响对孩子思维的发展、知识的灵活掌握，以及将其用于改善自己的生活、迎接新事物的挑战上都没有帮助。遇到类似的题目会做，题目条件稍微变化，就失去了主见，没有了办法。这是应试教育的典型结果。

问：不算学校的考试、测验等结果，妈妈在家有什么方法能了解孩子的数学水平？

答：想了解孩子的数学水平，首先要知道数学水平是什么，肯定不是解答数学题，也不是考试成绩，而是数学思维的表现。

数学思维在家庭生活中的表现，有如下三个方面：

1. 遇到新的没有接触过的事物，表现出充分的好奇，具体表现是注意力集中，维持长时间的关注，并渐渐表现出对事物的了解。
2. 能够预测家中的事情。比如，爸爸大概几点回家；妈妈倒水后，通常会把杯子放到哪里；看到妈妈在厨房，能够预测晚上吃什么……
3. 对时间敏感，对数量敏感，对大小、远近、快慢等基础常识比较的概念熟悉，并会运用。

以上三点是在家中，父母可以通过观察来了解孩子智力水平的途径。数学是塑造智力发展的，智力发展的目的是改善自己的生活，而具体的入手点就是预判事情，预备自己的情况，发现规律、运用规律，达到自己的目的。

问：小学奥数学习对孩子有好处吗？我的孩子适合参加奥数学习吗？

答：对有的孩子有帮助，对有的孩子没有帮助。

不是所有的孩子都适合学习奥数，大约 98% 的孩子没有必要学习奥数，而其中约 95% 的孩子，学习奥数没有什么好处。好处是一种比较而言的说法，如果父母在意升学，那么借助奥数成绩就是一个具体的目的，通过奥数学习，如果能够达到这个目的，就去学吧。不过，在达到入学目的后，学习奥数的消极危害并不会轻易消除，而且会持续影响孩子以后的发展。父母在追求孩子短期目标的同时，看不到长期的发展，只顾短期有利，那么，这是父母自己的选择。

判断孩子是否能通过奥数的学习获得长期的帮助，应该从三个方面来考虑：

1. 孩子自己是否有兴趣，而不是父母诱惑出来的。
2. 孩子平时的注意力、理解力是否属于中等偏上。
3. 孩子的学习模式是什么样的，是那种认真做笔记的，还是那种沉思型的？是做题偏快的，还是偏慢的？

奥数是培养抽象思维能力的，而不是教会孩子做题技巧的，也不是给孩子示范窍门和捷径的。训练思维才是奥数的核心目的。训练思维不是通过大量做题，而是题目少，但可以做的层次多，题目简单，却包含多个层次的思考。比如：至少有多少人在一起，就必然会碰到有两个人生日在同一个月的情况？

问：女孩天生对数学不擅长，长大以后其实也没有什么影响对吗？
答：对的。

女孩对数学不擅长多数是指中学以后，尤其是高中以后的表现。数学表现良好的，很多都是男生。在从事数学工作的人中，性别比例也是失衡的，不仅中国如此，美国如此，欧洲多数国家也都是如此。

人生发展到社会生活阶段以后，需要用到数学的工作并不是很多。数学水平的高低对生活的影响并不明显。若普通人以平凡的生活为目标，98% 的生活琐事用不上数学，因而数学不好并不会带来生活水平的下降。

> 不要让孩子在天性薄弱的项目上耗费时间，应该将宝贵的时间用在孩子的强项上，既是为孩子树立信心，也是要让他们将来长大成人后，能有一技之长在手。

《妈妈教的数学》出版后，很多读者加入了微信群，那是一个读者交流的地方，他们在那里提出了成百上千的问题，以上 12 个是出现频率较高的，也是较为值得思考的问题。阅读这本《爸爸教的数学》也是一样，阅读中有疑问，阅读后有思考，都可以申请加入读者群进行提问。本书中有很多二维码，你可以扫到，并看到解说的视频；看到后，还会有新的二维码，你可以通过扫描加入读者群。更多的问题，我们在读者群中进一步讨论。

小学阶段是学好数学的重要阶段，实际上，也是学好一切学科的重要阶段。重要性不是体现在数学考试必须要得高分、得满分，而是喜欢数学，愿意用自己的大脑去想数学的事儿——这才是一生智力发展的基础。

第十题

教育工作者经常说一个词汇，那就是取长补短。在对孩子的教育中，这四个字的意思是：

A：鼓励孩子全面发展

B：要求孩子把低分的科目提高上来

C：让孩子以现有的优势为自豪

D：让孩子向优秀的同学学习

（参考答案见本书末尾）

后记

我爸爸47岁那年，还在中央音乐学院进修，还要完成老师布置的作业。如今我的岁数已超过当年他学习五线谱、学习乐理知识的年龄，我仍然在学习，写一本书就是上一堂课，一堂数学课、一堂语文课、一堂常识课。

学习是一种习惯，源自从小大脑形成的一种饥渴状态。一天不读书，思想上没有一点像样的收获，这一天就如同没有吃饭。

阅读一本好书，我会珍惜。珍惜是一种态度，任何态度都需要具体的行为表现出来。我表示珍惜的方式就是慢下来。每天就读3页，绝不超过。这3页，我会专心致志地读，写出笔记来，我会扩展原文的意图，或者尝试结合自己的情况。这样，一本好书就可以陪伴我一个月。我已经不在那种匆匆忙忙找很多书来填饱胃口的阶段了。什么都吃，会吃坏的。

这本书，我准备了43年。从1973年的日记开始，就为了这本书。那些点滴，那些日子，那些画面，都是我回首望去还能够看到痕迹的路径。那些走过的路，就是思索的篇章，如今写出来，呈现在你的面前。你看到一路行走的坎坷、人生的曲折，以及路上父母的帮扶、喂养、操心，还有成长过程中的崎岖不平了吗？

我是一名数学老师，不是灵魂的工程师，而是脑力工程师，致力于脑力基础建设、脑力蓝图绘制、脑力燃料供应的工作。通过数学，通过生活，通过动手，这一切，都为强大的大脑而来。

每一位读者，一路阅读下来，你是否使用了大脑，是否使用了草稿纸，是否将书中的智慧变成了你自己的收获、自己的心得，以及自己生活中的参照和应用？这才是真真切切改变自己的做法。

人人都有想法，想法要通过方法得到贯彻，贯彻需要具体的做法。我的做法，就是字斟句酌地写下来；而你的做法，就是与孩子互动，给孩子留下一张面孔、一次陪伴、一个启发、一个永远可以依靠的信心源泉。

妈妈，培育了孩子强大的心；爸爸，建设了孩子智慧的脑。

更多的疑问，我们会在读者群里，续写人生的下一个回合……

附录

算吧！

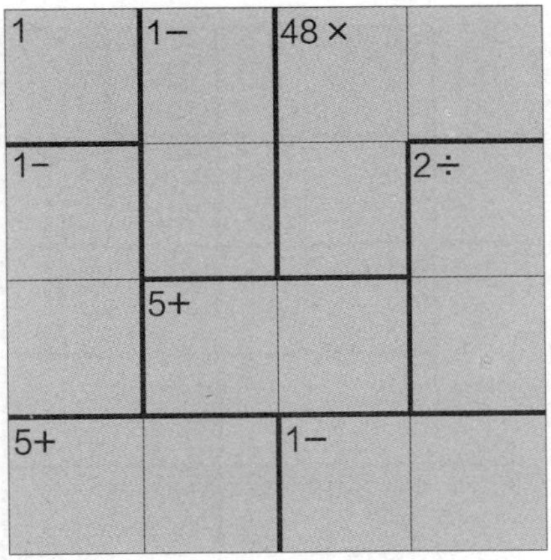

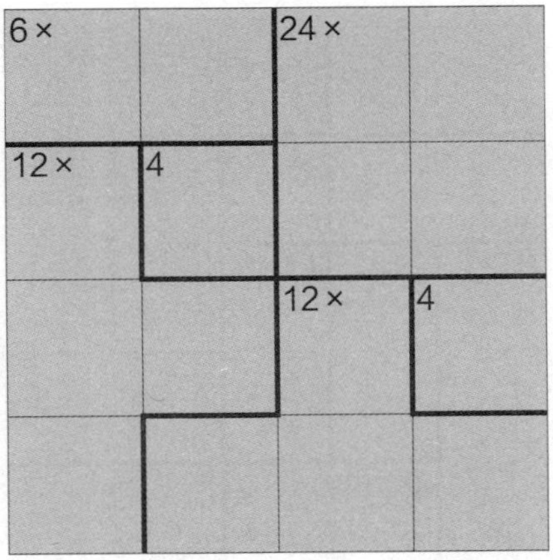

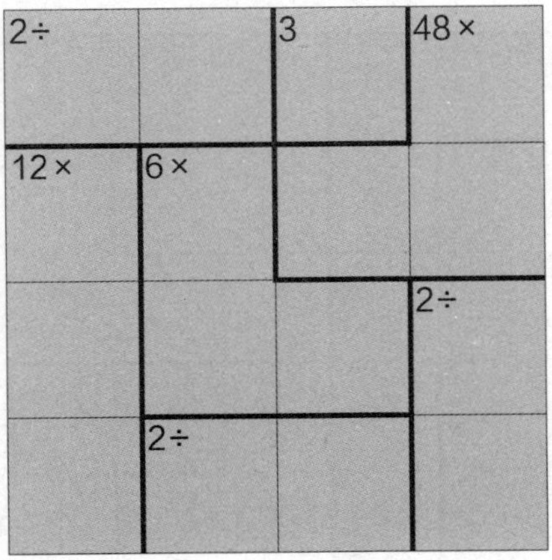

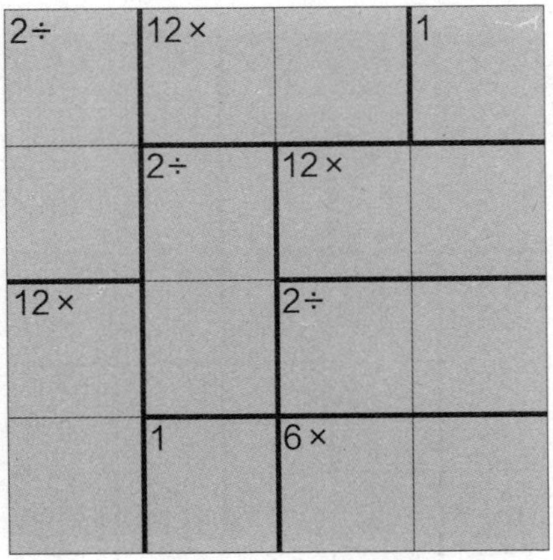

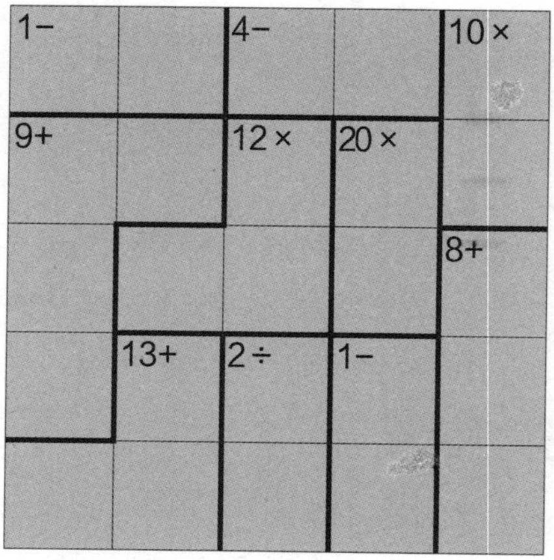
1−
4−
10×
9+
12×
20×
8+
13+
2÷
1−

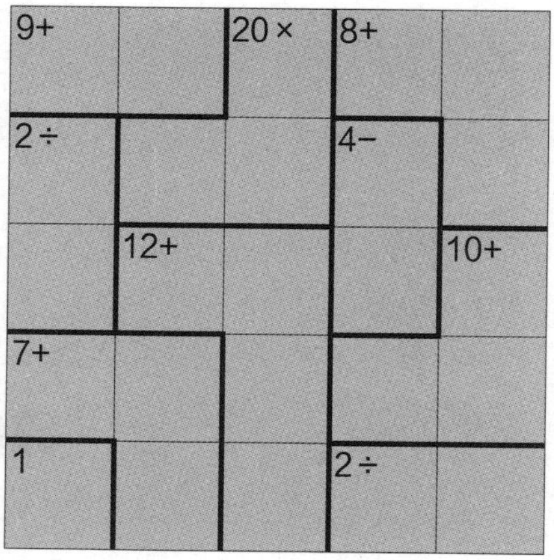
9+
20×
8+
2÷
4−
12+
10+
7+
1
2÷

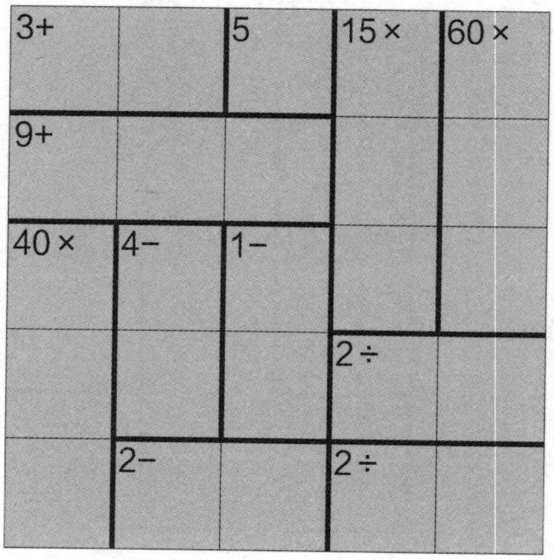
3+
5
15×
60×
9+
40×
4−
1−
2÷
2−
2÷

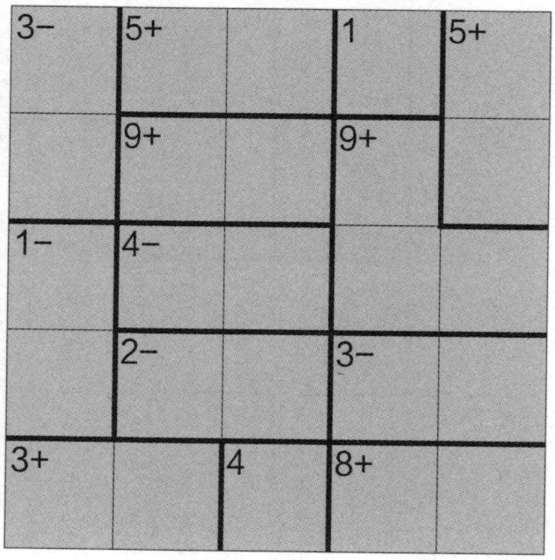
3−
5+
1
5+
9+
9+
1−
4−
2−
3−
3+
4
8+

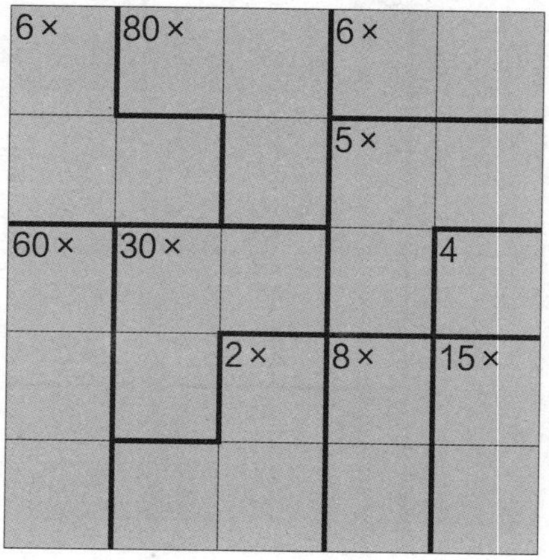
6×
80×
6×
5×
60×
30×
4
2×
8×
15×

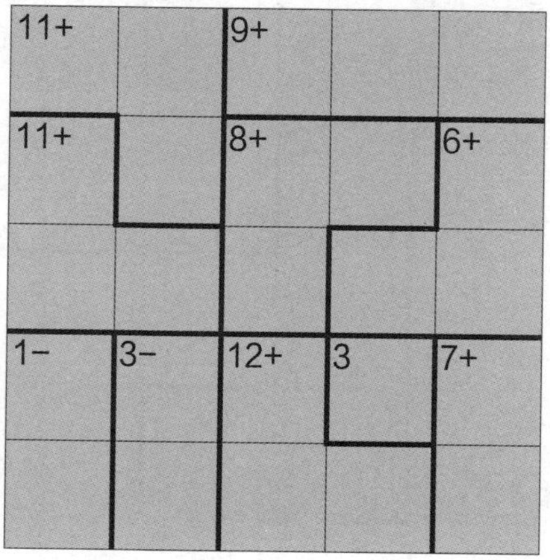
11+
9+
11+
8+
6+
1−
3−
12+
3
7+

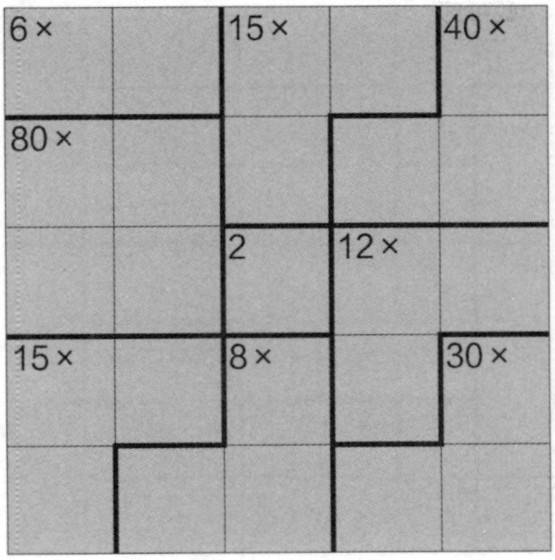
6×
15×
40×
80×
2
12×
15×
8×
30×

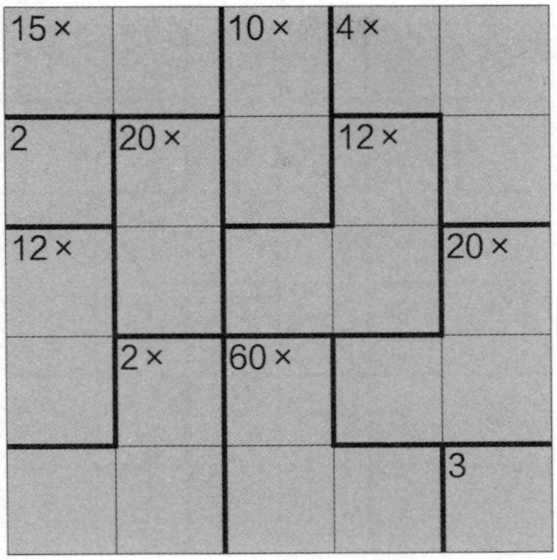
15×
10×
4×
2
20×
12×
12×
20×
2×
60×
3

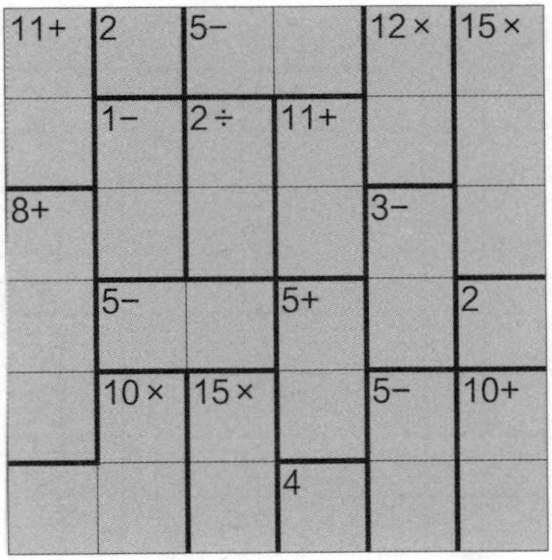
11+
2
5−
12×
15×
1−
2÷
11+
8+
3−
5−
5+
2
10×
15×
5−
10+
4

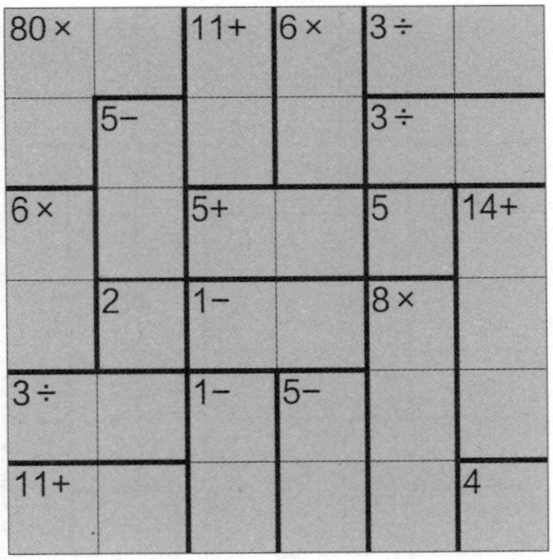
80×
11+
6×
3÷
5−
3÷
6×
5+
5
14+
2
1−
8×
3÷
1−
5−
11+
4

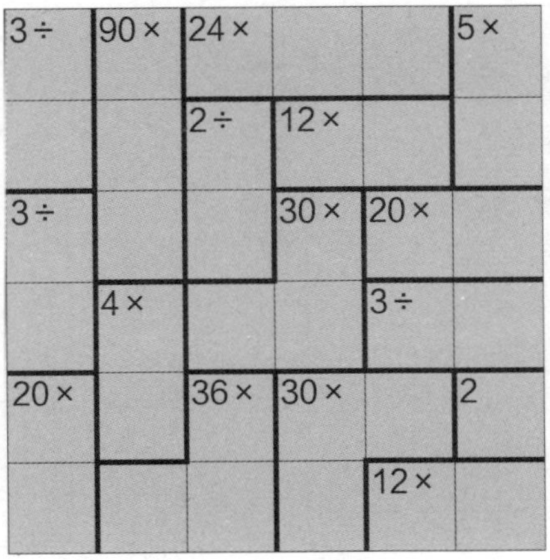
3÷
90×
24×
5×
2÷
12×
3÷
30×
20×
4×
3÷
20×
36×
30×
2
12×

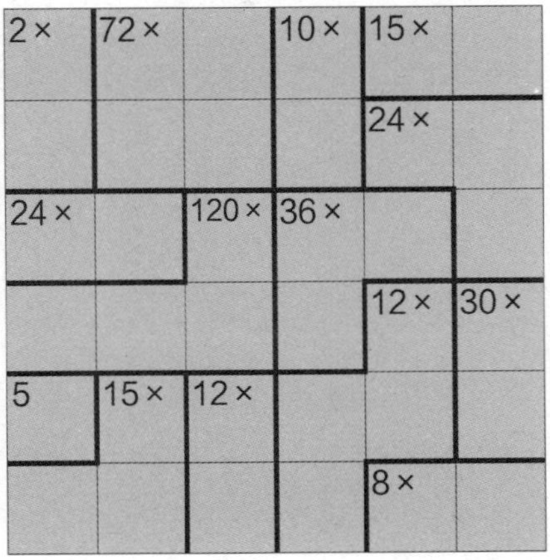
2×
72×
10×
15×
24×
24×
120×
36×
12×
30×
5
15×
12×
8×

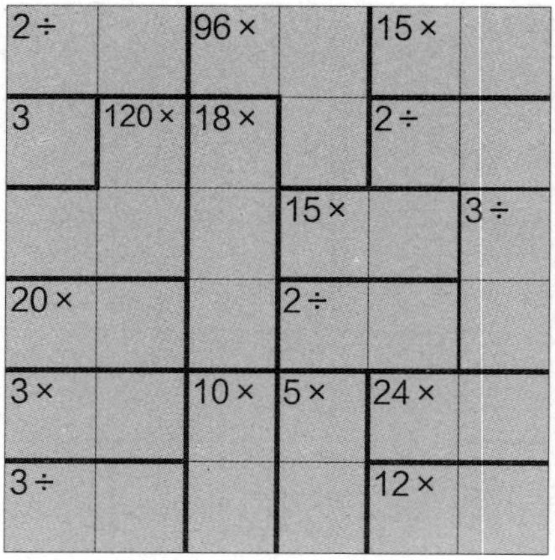
2÷
96×
15×
3
120×
18×
2÷
15×
3÷
20×
2÷
3×
10×
5×
24×
3÷
12×

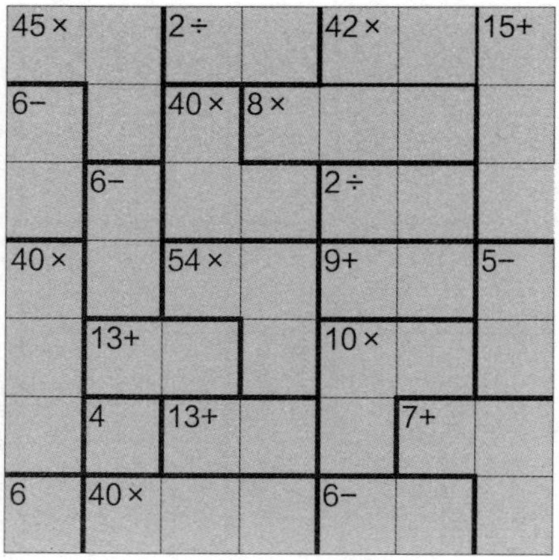
45×
2÷
42×
15+
6−
40×
8×
6−
2÷
40×
54×
9+
5−
13+
10×
4
13+
7+
6
40×
6−

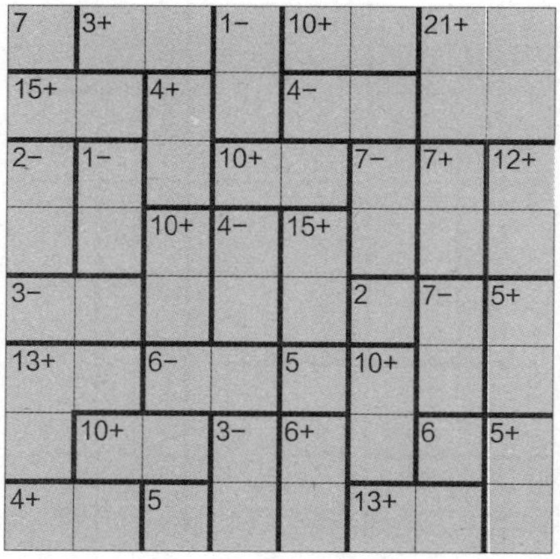
7
3+
1−
10+
21+
15+
4+
4−
2−
1−
10+
7−
7+
12+
10+
4−
15+
3−
2
7−
5+
13+
6−
5
10+
10+
3−
6+
6
5+
4+
5
13+

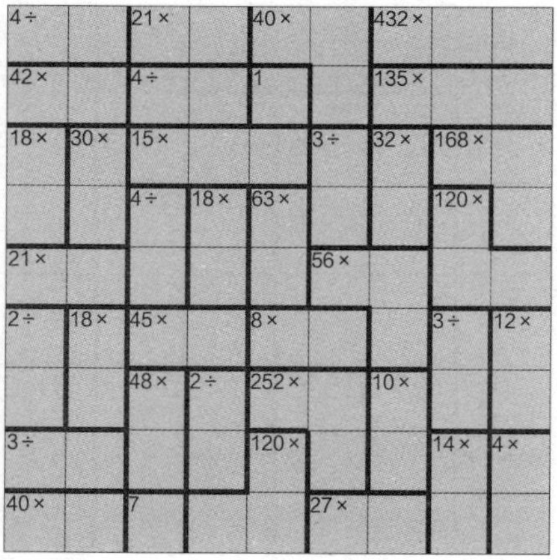
4÷
21×
40×
432×
42×
4÷
1
135×
18×
30×
15×
3÷
32×
168×
4÷
18×
63×
120×
21×
56×
2÷
18×
45×
8×
3÷
12×
48×
2÷
252×
10×
3÷
120×
14×
4×
40×
7
27×

妈妈说

《妈妈教的数学》出版以来，收到很多读者反馈。许多妈妈反映，孙路弘老师笔下的数学活泼有趣，让人耳目一新，终于让她们在面对孩子的数学时找到了门道。让我们来看看，这些妈妈都是怎么说的？

数学到底该怎么学？

无论是经历过高考磨砺的爸爸妈妈，还是刚开始接触数学的小朋友们，“数学该怎么学”这个问题，谁都很难说清楚。

孙老师这本书却很简单地就把这个问题阐释清楚了。数学学习之初，最重要的是宽松的环境和合理的引导，以激发孩子的兴趣为目的，通过结合实际生活中的例子，让孩子体验实践、观察、猜测和验证。让兴趣带领孩子享受发现的喜悦，才是正确的数学学习之道。

书中还对小学数学中常见的错误进行了详细分类，针对不同分类，父母可以在实际的演示中引导孩子一步步思考，从而发现孩子真实存在的问题，填充没有学好的概念点（类似可汗学院的理念），通过织满这样一张网状的知识系统，孩子的数学思维就算打好基础了。

对于幼儿园和小学的小朋友家长来说，阅读这本书应该会收获不少幼儿引导、小学家庭教育方面的知识和技巧。

孙路弘，带我感受“真”数学的老师

在孙老师的数学启蒙中，我接触到了我 37 年来从没接触过的学习思想，丰富立体的“慢思考”，比如：学习数学，我们要“比基础，不比小聪明”“思路不能贪快跳跃，孩子一旦养成思维跳跃的习惯，面对复杂的问题就会混乱”，等等。

孙老师强调读题要慢。作为北师大数学系的毕业生及中国第一位奥数班的班主任，他读一道简单的小学数学题竟然是慢慢地、逐字地读，而非一目十行，重点部分还会重音读，特别关键的部分还会折返念三遍，并且，在句与句之间，在句子读完后，还会有长长的停顿——其实不过几秒钟，但在心急的人看来，几秒钟都是漫长的。

这与我的预期完全相反。数学好的人，应该是很聪明的人，而聪明的人不应该是很快的吗？怎么能这么慢呢？

看来还是要重塑思维习惯，更慢一点学数学，让思维基础变牢固。

将数学转化为孩子“生活能力”的一部分

数学学科本身是高度结构化的，而社会生活本身又充满偶然性，难以纳入结构，这是在家中进行数学启蒙最难的地方，我们未来的生活中有多少能用学科知识直接指引呢？是把孩子变成一艘满载语、数、外各科知识补给的航船，还是教导他们“遇礁绕行，遇险自救”，用生命的活力点亮自己的航灯、选择自己的航线呢？

孙老师用他独有的富有韧性的表达方式和深刻的人性洞察，把简洁的数学逻辑思维和人类社会的日常生活相贯通，将数学转化为孩子“生活能力”的一部分，直指进取型人格养成。他又是曾经的数学教师加奥数教练，非常重视数学思维基础的扎实与严谨，但又明确主张学校教育不能延伸到家庭，而应各有侧重地给予孩子支持。

提到数学不再头疼

在接触到孙老师的数学启蒙方法后，数学在我心里不再是一个令人头疼的科目。当我不再恐惧数学时，相信我探索的快乐也会感染到孩子。

我以前也明白生活中处处有数学，但是怎样才能真正实践，给予孩子正确的数学启蒙呢？孙老师教会了我“玩”这个字的实际意义：在孩子眼里关注东西、手上拿着东西或是有动作进行的时候，都是在玩，都是数学启蒙的好时机。

学数学，要生活

不知有多少人和我一样，觉得除了数数和算钱，数学与自己毫无关系，并因此提不起学数学的兴趣。

坦白说，“无关感”是拒好多人于数学大门之外的主要原因，包括曾经的我。

孙老师显然知道这一点，所以，书里充满了各种“生活感”。比如：孙老师的数学问题里不乏冰激凌题、吃饭搭配题、作息时间题、数公交车站题、水费题、电费题、温度题……这些难得的“数学概念”需要孩子真正地深入生活，有时还需要他们亲自动手操作，让“数学要融入生活”的理念真正活了起来，也引领我这个学生打开了更多扇“生活数学”的大门，比如为吃货女儿搞定各种蛋糕题，或是将奇妙的数学画在孩子们的T恤上……

测试题答案

第一题：C

说明：思维定式就是大脑图省事，记住一个套路后，每次就按照套路进行。

第二题：B

说明：这是孩子最初掌握神奇事情后，想要与他人分享的行为，以示自己与别人不同。

第三题：B

说明：人一旦养成习惯，就会被习惯驾驭，一定要多想，之后再行动，并形成习惯。

第四题：A

说明：着迷能让人陷入其中长时间地思考，思虑渐渐周全，严谨性也就出来了。

第五题：D

说明：画图的目的不是为了做题更快，而是更加准确。当看到题目的线索较多时，画图就成为了一个可靠的工具。

第六题：C

说明：能在相当长的一段时间内，经常想起那个题目，就是存疑的表现了。

第七题：D

说明：这类游戏涉及多种规律的结合使用，而玩的次数多了，规律熟悉了，也能使思维更灵活。

第八题：B

说明：信任不是通过好奇的活动带来的。孩子看到大人也不会，自己会了，强化的是自信。

第九题：A

说明：写的过程中，思维会得到梳理，解题的前后次序也能得到重新调整。步骤不是为了记住正确的内容，而是通过输出的方式整理思维。

第十题：C

说明：弥补弱项是以短克长的方式，而发挥强项则能引发自豪感，让他们以自己特别优势的项目得意。

每回合测试题及解析扫码即得

扫描窃听作者的话：内有互动视频哦

湛庐文化 Cheers Publishing
a mindstyle business 与思想有关

湛庐，与思想有关……

如何阅读商业图书

商业图书与其他类型的图书，由于阅读目的和方式的不同，因此有其特定的阅读原则和阅读方法，先从一本书开始尝试，再熟练应用。

阅读原则1 二八原则

对商业图书来说，80%的精华价值可能仅占20%的页码。要根据自己的阅读能力，进行阅读时间的分配。

阅读原则2 集中优势精力原则

在一个特定的时间段内，集中突破20%的精华内容。也可以在一个时间段内，集中攻克一个主题的阅读。

阅读原则3 递进原则

高效率的阅读并不一定要按照页码顺序展开，可以挑选自己感兴趣的部分阅读，再从兴趣点扩展到其他部分。阅读商业图书切忌贪多，从一个小主题开始，先培养自己的阅读能力，了解文字风格、观点阐述以及案例描述的方法，目的在于对方法的掌握，这才是最重要的。

阅读原则4 好为人师原则

在朋友圈中主导、控制话题，引导话题向自己设计的方向去发展，可以让读书收获更加扎实、实用、有效。

阅读方法与阅读习惯的养成

（1）回想。阅读商业图书常常不会一口气读完，第二次拿起书时，至少用15分钟回想上次阅读的内容，不要翻看，实在想不起来再翻看。严格训练自己，一定要回想，坚持50次，会逐渐养成习惯。

（2）做笔记。不要试图让笔记具有很强的逻辑性和系统性，不需要有深刻的见解和思想，只要是文字，就是对大脑的锻炼。在空白处多写多画，随笔、符号、涂色、书签、便签、折页，甚至拆书都可以。

（3）读后感和PPT。坚持写读后感可以大幅度提高阅读能力，做PPT可以提高逻辑分析能力。从写读后感开始，写上5篇以后，再尝试做PPT。连续做上5个PPT，再重复写三次读后感。如此坚持，阅读能力将会大幅度提高。

（4）思想的超越。要养成上述阅读习惯，通常需要6个月的严格训练，至少完成4本书的阅读。你会慢慢发现，自己的思想开始跳脱出来，开始有了超越作者的感觉。比拟作者、超越作者、试图凌驾于作者之上思考问题，是阅读能力提高的必然结果。

扫码关注湛庐文化，
回复“阅读”
这5种方法，让读过的书变成你的影子

[特别感谢：营销及销售行为专家 孙路弘 智慧支持！]

我们出版的所有图书，封底和前勒口都有“湛庐文化”的标志

湛庐文化 Cheers Publishing

a mindstyle business 与思想有关

并归于两个品牌

财富汇　　心视界

找“小红帽”

为了便于读者在浩如烟海的书架陈列中清楚地找到湛庐，我们在每本图书的封面左上角，以及书脊上部 47mm 处，以红色作为标记——称之为**“小红帽”**。同时，封面左上角标记**“湛庐文化 Slogan”**，书脊上标记**“湛庐文化 Logo”**，且下方标注图书所属品牌。

湛庐文化主力打造两个品牌：**财富汇**，致力于为商界人士提供国内外优秀的经济管理类图书；**心视界**，旨在通过心理学大师、心灵导师的专业指导为读者提供改善生活和心境的通路。

阅读的最大成本

读者在选购图书的时候，往往把成本支出的焦点放在书价上，其实不然。

时间才是读者付出的最大阅读成本。

阅读的时间成本=选择花费的时间+阅读花费的时间+误读浪费的时间

湛庐希望成为一个“与思想有关”的组织，成为中国与世界思想交汇的聚集地。通过我们的工作和努力，潜移默化地改变中国人、商业组织的思维方式，与世界先进的理念接轨，帮助国内的企业和经理人，融入世界，这是我们的使命和价值。

我们知道，这项工作就像跑马拉松，是极其漫长和艰苦的。但是我们有决心和毅力去不断推动，在朝着我们目标前进的道路上，所有人都是同行者和推动者。希望更多的专家、学者、读者一起来加入我们的队伍，在当下改变未来。

湛庐文化获奖书目

《大数据时代》

国家图书馆"第九届文津奖"十本获奖图书之一
CCTV"2013中国好书"25本获奖图书之一
《光明日报》2013年度《光明书榜》入选图书
《第一财经日报》2013年第一财经金融价值榜"推荐财经图书奖"
2013年度和讯华文财经图书大奖
2013亚马逊年度图书排行榜经济管理类图书榜首
《中国企业家》年度好书经管类TOP10
《创业家》"5年来最值得创业者读的10本书"
《商学院》"2013经理人阅读趣味年报·科技和社会发展趋势类最受关注图书"
《中国新闻出版报》2013年度好书20本之一
2013百道网·中国好书榜·财经类TOP100榜首
2013蓝狮子·腾讯文学十大最佳商业图书和最受欢迎的数字阅读出版物
2013京东经管图书年度畅销榜上榜图书，综合排名第一，经济类榜榜首

《牛奶可乐经济学》

国家图书馆"第四届文津奖"十本获奖图书之一
搜狐、《第一财经日报》2008年十本最佳商业图书

《影响力》（经典版）

《商学院》"2013经理人阅读趣味年报·心理学和行为科学类最受关注图书"
2013亚马逊年度图书分类榜心理励志图书第八名
《财富》鼎力推荐的75本商业必读书之一

《人人时代》（原名《未来是湿的》）

CCTV《子午书简》·《中国图书商报》2009年度最值得一读的30本好书之"年度最佳财经图书"
《第一财经周刊》· 蓝狮子读书会·新浪网2009年度十佳商业图书TOP5

《认知盈余》

《商学院》"2013经理人阅读趣味年报·科技和社会发展趋势类最受关注图书"
2011年度和讯华文财经图书大奖

《大而不倒》

《金融时报》· 高盛2010年度最佳商业图书入选作品
美国《外交政策》杂志评选的全球思想家正在阅读的20本书之一
蓝狮子·新浪2010年度十大最佳商业图书，《智囊悦读》2010年度十大最具价值经管图书

《第一大亨》

普利策传记奖，美国国家图书奖
2013中国好书榜·财经类TOP100

《真实的幸福》

《第一财经周刊》2014年度商业图书TOP10
《职场》2010年度最具阅读价值的10本职场书籍

《星际穿越》

国家图书馆"第十一届文津奖"十本奖获奖图书之一
2015年全国优秀科普作品三等奖
《环球科学》2015最美科学阅读TOP10

《翻转课堂的可汗学院》

《中国教师报》2014年度"影响教师的100本书"TOP10
《第一财经周刊》2014年度商业图书TOP10

湛庐文化获奖书目

《爱哭鬼小隼》

国家图书馆"第九届文津奖"十本获奖图书之一

《新京报》2013年度童书

《中国教育报》2013年度教师推荐的10大童书

新阅读研究所"2013年度最佳童书"

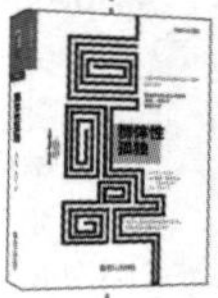

《群体性孤独》

国家图书馆"第十届文津奖"十本获奖图书之一

2014"腾讯网•啖书局"TMT十大最佳图书

《用心教养》

国家新闻出版广电总局2014年度"大众喜爱的50种图书"生活与科普类TOP6

《正能量》

《新智囊》2012年经管类十大图书，京东2012好书榜年度新书

《正义之心》

《第一财经周刊》2014年度商业图书TOP10

《神话的力量》

《心理月刊》2011年度最佳图书奖

《当音乐停止之后》

《中欧商业评论》2014年度经管好书榜•经济金融类

《富足》

《哈佛商业评论》2015年最值得读的八本好书

2014"腾讯网•啖书局"TMT十大最佳图书

《稀缺》

《第一财经周刊》2014年度商业图书TOP10

《中欧商业评论》2014年度经管好书榜•企业管理类

《大爆炸式创新》

《中欧商业评论》2014年度经管好书榜•企业管理类

《技术的本质》

2014"腾讯网•啖书局"TMT十大最佳图书

《社交网络改变世界》

新华网、中国出版传媒2013年度中国影响力图书

《孵化Twitter》

2013年11月亚马逊(美国)月度最佳图书

《第一财经周刊》2014年度商业图书TOP10

《谁是谷歌想要的人才？》

《出版商务周报》2013年度风云图书•励志类上榜书籍

《卡普新生儿安抚法》(最快乐的宝宝1•0~1岁)

2013新浪"养育有道"年度论坛养育类图书推荐奖

湛庐文化 Cheers Publishing
a mindstyle business 与思想有关

延伸阅读

《妈妈教的数学》

扫码直达本书购买链接

◎ 中国奥数第一人孙路弘老师首度公开幼年成长日记，还原妈妈对自己进行数学启蒙的生活场景，总结其中的数学教学方法，让每位妈妈都能够“零门槛”带领孩子进入数学天地。

◎ 抓住孩子的数学启蒙敏感期，让原始的求知动机驱动孩子的一生。

《绝非天赋》

扫码直达本书购买链接

◎ 美国认知心理学家斯科特·考夫曼多年来对人类智力探索的集大成之作，用坚实的研究基础和逆袭的人生经历证明，每一种智力特点的人都可以通向伟大。有关智力对人生的影响，读这一本就对了！

◎ 美国大学招生官和教务长一致推荐，入选“2016 年夏季家长和学生必读书单”。

《全脑教养法》（经典版）

扫码直达本书购买链接

◎ 该书掀起了风靡美国的发展式教育理念，EQ 之父丹尼尔·戈尔曼极力推荐。

◎ 国际著名教育家、心理学家丹尼尔·西格尔的科学教养系列。

◎ 在我们的父母还在为孩子报英语班、奥数班的时候，发展式教育的理念已经风靡美国，改变了万千父母的教养方式。

《由内而外的教养》（10 周年纪念版）

扫码直达本书购买链接

◎ 全美畅销 10 年 15 万册的育儿经典，Babble 知名在线育儿杂志最佳图书前 5 名。

◎ 国际著名教育家、心理学家丹尼尔·西格尔的科学教养系列。

◎ 本书深入探讨了童年经历对我们教养方式的影响，献给对自己的童年并不满意的父母。

《教出乐观的孩子》（珍藏版）

扫码直达本书购买链接

◎ 积极心理学之父马丁·塞利格曼集 30 年、千百个成人及儿童研究之精华著成的教育经典。书中重墨提及积极心理教育在学校实践中的成功应用，富有借鉴意义。

◎ CCTV《读书》5 期力荐的幸福经典系列作品。

图书在版编目（CIP）数据

爸爸教的数学 / 孙路弘著 . —杭州：浙江人民出版社，2017.6

ISBN 978-7-213-08030-2

Ⅰ.①爸… Ⅱ.①孙… Ⅲ.①数学课—学前教育—教学参考资料

Ⅳ.①G613.4

中国版本图书馆 CIP 数据核字（2017）第 091755 号

上架指导：科学教养

爸爸教的数学

孙路弘 著

出版发行：浙江人民出版社（杭州体育场路 347 号 邮编 310006）

市场部电话：（0571）85061682 85176516

集团网址：浙江出版联合集团 http://www.zjcb.com

责任编辑：朱丽芳 陈 源

责任校对：张谷年

印　　刷：北京中印联印务有限公司

开　　本：720 mm ×965 mm 1/16　　印　　张：12.75

字　　数：131 千字　　插　　页：3

版　　次：2017 年 6 月第 1 版　　印　　次：2017 年 6 月第 1 次印刷

书　　号：ISBN 978-7-213-08030-2

定　　价：42.90 元